ビジネスで大切なことはみんな吉祥寺の焼き鳥屋で教わった

玉岡一央

ユニバーサル・リアルティ株式会社
代表取締役

はじめに

年収1000万円のサラリーマンになる方法、教えます

あなたは年収1000万円稼ぎたいですか？

もし答えが「イエス」なら、私の話を聞いてください。もちろん、怪しい儲け話の類いではありませんよ。

私は今から3年前、2020年に独立起業したのですが、それ以前は三井不動産リアルティ株式会社という大手不動産会社に勤務し、年間1000万円以上のお給料をいただいていました。だから、サラリーマンとして年収1000万円以上稼げるようになる「仕事のコツ」を知っているのです。

この本では、そのコツをあなたにお伝えしようと思います。

「どうせ簡単に真似できない方法なんじゃないの？」

「玉岡さんが優秀だから稼げただけでしょ？」

そんなふうに思ったなら、安心してください。

正直に告白します。

恥ずかしながら、私は27歳まで定職に就かずにふらふらしていた、高卒フリーターでした。当時の私は、正真正銘のダメ人間だったと思います。

そんな人間にできたのだから、あなたにだってきっとできると私は信じているのです。

高卒フリーターのダメ人間だった私

恥を忍んで、私が以前いかにダメな人間だったか、ご説明しましょう。

私は高校卒業後、文化服装学院という服飾系の専門学校のファッションビジネス科に進みました。勉強があまり得意でなかったのと、ファッションが大好きだったので、将来は小さなセレクトショップをやりたいな……と漠然と考えていたからです。

しかし、そんな安易な考えは、入学後すぐに打ち砕かれることになります。学校のカリキュラムは百貨店など大手企業のビジネス手法を学ぶという高度なもので、まったくついていけなかったのです。さらに「服を作る」という課題もあり、それも私にはとてもハードルの高いものでした。

そんなわけで専門学校は早々にドロップアウトしてしまいます。2年生になるとほとんど学校には行かず、アルバイトと夜遊びで家にも帰らないような生活をしていました。当然、単位が足りず、学校は中退です。

そしてそのまま、様々なアルバイトを転々とする、その日暮らしのフリーター生活へ……我ながら、本当に将来について深く考えていませんでした。

そのくせ、趣味であるファッションやスポーツ用品への浪費は止められず、500万円近い借金を作ったこともあります。その時はさすがにまずいと思って、離島(東京都青ヶ島村)での住み込み港湾工事(ダイナマイトで海底爆破するなど危険な仕事)をして借金を返済しましたが、今振り返っても「なんてダメな人間だったのだろう」と、自分の考えの甘さを恥じ入るばかりです。

結婚を機に生まれ変わろうと決意

そんな私が生き方を変えようと思ったのは、当時付き合っていた彼女との結婚を考えたからです。

さすがの私も、結婚して家庭を持つとなると、フリーターを続けるわけには行きません。心を入れ替え、企業の正社員として就職し、安定した収入を得なければと考えました。

ただ、それまでの自由な生活を捨てて、着慣れないスーツを着てサラリーマン人生を送るのであれば、せめて年収１０００万円を目指したい。それだけが、私の密かなこだわりでした。

そこで生まれてはじめて仕事について真剣に考えた結果、まずは小さな不動産会社の営業職に正社員として就職。そこで経験を積んでから現・三井不動産リアルティ株式会社へ転職し、初就職からわずか5年間で年収１０００万円を達成したというわけです。

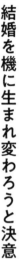

いくら生まれ変わろうと決意したとは言え、数年前まで借金まみれだった高卒フリーターに、なぜそんなことができたのか？　それは私がもともと優秀だったから……ではないことは、ここまで読んでいただいた方はお分かりでしょう。

実際、それまでまったく縁のなかった不動産業界に飛び込んだのですから、最初のうちはうまく行かないことも多く、試行錯誤の連続でした。

ただ、そうした試行錯誤の中で、私は、自分でも意識していなかった武器を持っていたことに気付いたのです。

それは、今は亡き父から学んだものでした。

激戦区で35年間、焼き鳥屋を営み続けた私の父

……といっても、別に父がスゴ腕のビジネスマンだったというわけではありません。

私の父は、吉祥寺で小さな焼き鳥屋を営む、ただの「焼き鳥屋の大将」でした（お店の常連さんには親しみを込めて「大将」と呼ばれていたので、以下、父のことは大

将と表記することにします）。

ご存じない方のために念のため簡単に説明すると、吉祥寺というのは東京都の武蔵野市にある街です。雑誌などで発表されている「住みたい街ランキング」では度々全国第1位になる人気の地域で、マンガ、音楽、演劇などサブカルチャーの発信地としても知られています。

そんな街ですので、飲食店もたくさんあります。焼き鳥屋だけでも、有名な「いせや」さんを筆頭に、無数にある激戦区です。

大将はそんな吉祥寺で、「やきとり大衆」という焼き鳥屋を昭和51年から約35年に渡って営んでいました。

場所は、吉祥寺駅北口駅前にあるハーモニカ横丁。入り組んだ細い路地の中に小さなお店が１００軒近くぎっしりと立ち並んでいる、古くからある商店街・飲み屋街です。

残念ながら、そのお店は大将が他界した際に閉めてしまい、今はもうないのですが、それまで長きに渡って地元のお客様に愛されてきました。

大将にビジネスの拡大志向がなかったこともあり、最後まで個人経営の小さなお店のままでしたが、熱心な常連さんも多く、「知る人ぞ知る人気店」だったと思います。

父のお店で得た学びが、私を成功へと導いた

私はそんなお店に、大将のジュニアとして小学生の頃から出入りをしては、店の手伝いをしたり、お客様に可愛がってもらったりしていました。

その経験の中で、大将から教えてもらったこと、あるいは大将や常連さんの背中を見て無意識に学んできたことが、たくさんあったのです。

ダメ人間だった私が年収1000万円超のサラリーマンになれた理由は、まさにここにあります。大将のお店で知らず知らずのうちに学んだことが、サラリーマンとして仕事をする上でも生きてきたのです。ふらふらしていた若い頃には気付きませんでしたが、真剣に仕事に向き合うようになって、はじめてその価値が分かるようになりました。

もちろん、焼き鳥屋で学べることですから、そんなに難しいことではありません。ごくごくシンプルなことばかりです。

でも、シンプルだからこそ、どんな仕事にも通じるのだと思います。

大将は２０１１年に亡くなりましたが、大将のお店で学んだことは、今でも私を導いてくれています。お店は引き継ぎませんでしたが、その精神は確かに受け継いでいるのだと感じます。

だから、大将が私に教えてくれたように、今度は私があなたにそれを伝えたいのです。

大将の焼き鳥屋で育まれた「ビジネスで大切なこと」が、あなたの人生を好転させるきっかけになれば、これに勝る喜びはありません。

２０２３年３月

玉岡　一央

序章 大将の焼き鳥屋を繁盛させた8つの変なルール

第1章

焼き鳥屋で学んだ「仕事選び」7つの教え

第2章

焼き鳥屋で学んだ「コミュニケーション」6つの教え

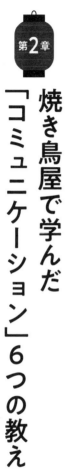

第3章 焼き鳥屋で学んだ「自己研鑽」6つの教え

第4章 焼き鳥屋で学んだ「自己管理」4つの教え

序章

大将の焼き鳥屋を繁盛させた8つの変なルール

「はじめに」でお話したように、この本の原点は大将の焼き鳥屋にあります。そこで本編に入る前に、まずはこのお店を特徴付けていた代表的なルールを紹介しましょう。一見変なルールばかりですが、そこにはすべてのビジネスに通じる深い意味が隠されています。

1 お客様は「でんでん太鼓」で歓迎する

はじめてのお客様が驚くお出迎え

大将のお店の入り口には、小さいでんでん太鼓が置かれていました。これをどう使うのかというと、お客様がガラッとドアを開けて入店をしたと同時に、大将が「ドンドンドンドン、ドンドンドンドンドン」と、そのでんでん太鼓を叩くのです。お店に入っていきなり太鼓が鳴らされるのですから、はじめてのお客様は、きっと度肝を抜かれたのではないでしょうか。

この小さい太鼓は、玄関近くにあった焼き鳥の焼き台の横につるしてあり、ドラムのスティックを短くしたようなバチで勢いよく叩きます。そして、その横には小さいプラスチックのランプのようなものが置いてあり、最後にそのランプの傘の部分をチンと叩いて〆るのです。

ドンドンドン、ドンドンドンドン、ドン、ドン、チン！……といった具合です。「いらっしゃいませ」といいながら叩く時もあれば、他に作業をしている時には、手を止めてわざわざ鳴らすこともありました（もちろん、状況によっては鳴らせない場合もありましたが）。

でんでん太鼓に隠された裏の意味

これには、元気良くお客様をお迎えするという「表の意味」があります。

ただ、当然ですがお店に初めてくるお客様は、このでんでん太鼓の音にびっくりします。ノリのいい人は、「うわ、何だ、何だ」などと反応しますが、時には扉を閉めて、帰ってしまうお客様もいました。

それでもでんでん太鼓を鳴らしていたのは、実は、お客様に対して「裏の意味」があったからです。

それは、お客様が酔っているのか、酔っていないのかを見分けるため、という意味です。でんでん太鼓と鐘の音に対するお客様の反応を見て、大将は、お客様の酔っぱらい具合を判断していたのでした。

極度に酔ったお客様を入店させると、かなりの確率でトラブルが起こります。隣のテーブルの客と喧嘩になってしまったり、店のものを壊してしまったり……。もちろん、そうなるとお酒や食べものも進まず、売上にもなりません。

そこで、大将はお客様がかなり酔っていると判断した場合は、「予約が入っているので」と断るのです。また、一見さんのお客様の場合は、他店で飲んできているお客様はお断り、入れたとしても30分程度で帰ってもらうというルールもありました。

インパクトのある儀式で熱狂的なファンを作る

さらには、このでんでん太鼓には、もう1つの意味もあったと思います。

このでんでん太鼓は、お客様が帰る時も〆に鳴らします。常連さん達は、この「でんでん太鼓と鐘の音」を聞かないと、お店に来た気がしないといっていました。いわば、儀式のようなものだったのです。

このでんでん太鼓と鐘の音は、必要がないといえば必要ないものですが、お店ならではの「儀式」を作ることで、お店の個性が出ます。

飲食店では、どんなジャンルでもライバル店が多いですし、特に吉祥寺のような人気エリアでは長く続けることができている店舗というのはわずかです。

そういった中で焼き鳥屋を続けることができた理由の１つが、この最初のインパクトであり、これによってその他大勢のお店から抜け出すことで、熱狂的なファン（常連さん）を作ることができたからだと思っています。

2 1日に飲めるお酒の量にリミットがある

点数制に込められたメッセージ

大将のお店では、1日に飲めるお酒の量の上限が決まっていました。こういった商売をしていると、その日の売上のために飲むのを薦めることはあっても、止めるなんてことは普通はしないので、本当に「変」なお店です。

飲める量は点数制で、1日で1人あたり合計10点までしか飲めません。例えばビールは1本2点。生ビールも瓶ビール（大瓶）も点数が一緒でしたが、その理由は今となっては分かりません。たぶん考えるのが面倒くさかったのでしょう（笑）。

他には日本酒1合が2点、焼酎の梅割りが3点、各種サワーは1点でした（ついでに細かいことをお話しますと、お店が狭くて氷を置くスペースがなかったために、サワーには氷が入っていませんでした）。

このように、それぞれ点数が決まっていて、平均すると最初の1杯プラス3杯程度が飲める仕組みになっていたのです。

とはいえ厳密に点数計算をしていたというよりも、アバウトな目安ではありました。お酒が強い人は15点ぐらい飲んでもいいですし、弱い人であれば5点も飲まないうちに大将からストップがかかることもあったようです。

このルールには、もちろん飲める量を制限することで、酔っぱらって暴れるのを防止したり、お客様同士のトラブルを防止するという意味もありましたが、同時に「飲みすぎて明日来られなくなるより、程よく飲んで明日もまた来てね」というメッセージが込められていました。

つまり大将は、お客様には一度来て終わりではなく、何度も来て、常連さんになっていってもらいたい、という思いが強かったのです。

常連さんにとって居心地のいい店を作るために

ただし、常連さんになってもらいたいのは、気心が知れてきた人だけ。どんなに愛想が良くても、自分とは馬が合わないと感じたら、サラッと遠ざけていました。

例えば、お店ではAMラジオ放送をかけていることがありましたが、嫌な人が来ると大将はラジオを切っていました。なぜなら、その人を早く帰したいからです。お店がシーンとしているとお客様もさすがに居心地が悪くなり、1杯飲んで帰っていきます。今思うと、かなりのパワープレイです。

ちなみに、そういう空気の中に常連さんが入ってくると、大将は「今、ラジオでプロ野球速報をやっているから聞く?」と、ラジオを入れていました。

お客様を取捨選択するとは、とんでもないと思う方もいるのではないでしょうか。大手企業やチェーン店などではあり得ないことです。

しかし、対象の焼き鳥屋のような個人経営のお店では、常連さんにとって居心地のいいお店を作ることが、お店を長続きさせるコツなのだと思います。

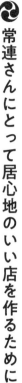

常連さんが多ければ多いほど、安定した売上が見込めるようになります。そして、お客様に飲む量にリミットを設けることで、お客様は身体を壊さず長く通うことができ、お店側は酒癖の良い常連さんのいるお店を続けることができるというわけです。

3 お客様の注文を勝手に決める

仕入れに無駄を出さないために

大将のお店では、1杯目の飲み物の注文時に焼き鳥を5本、一緒に注文するというルールがありました。また、追加の焼き鳥は2本からでした。

それだけなら他のお店でも珍しくないかもしれませんが、相手が常連さんの場合、1杯目に飲む飲み物だけではなく、焼き鳥も好みを把握していて、その常連さんのお約束を出します（同意は取りますが）。お約束が売り切れの場合には、こちらが選んだ種類のものを5本出すのです。

つまり、お店に来てまず飲み物を注文したら、黙っていても一緒に焼き鳥が5本出てくるという塩梅です。日によっては焼き鳥だけではなく、レバ刺しや煮込みを押し売りして出す時もありました。

これはなぜかというと、食材の無駄を出さないためです。例えば極端な話、レバーの串が余っていたとしたら、常連さんにはこちらの都合でレバーを出していたわけです。

こういうやり方をすれば、常連さんのメンバーもある程度決まっていて、週に何日来るのかがだいたい分かっていますから、無駄な仕込みは必要ありません。今風にいえば、フードロスが最小限で済みます。

私が中学生の頃、大将はよく「売上とは客単価×客数×リピート率だ」とか「小さい飲食店は、仕入れにどれだけ無駄を出さないかが大切だ」といった話をしてくれましたが、これはまさにその実践例といえます。

ちなみに、店の名物に「独特レバ刺し」という、豚レバーのスライスに、しょうがと輪切りのねぎをのせ、しょう油とごま油と、味の素少々を振ったメニューがありましたが、これも新鮮なレバーはレバ刺しで出し、日付が経つと串に刺し、それでも残るようであれば煮込みに入れる、という具合に徹底的に無駄を出さない工夫をしていました。

お客様に嫌な思いをさせない絶妙なバランス感覚

この話だけ聞くと「なんてセコくて勝手なんだ」と思うかもしれません。

しかし、それでもお客様から文句が出ることはありませんでした。なぜなら、大将は常連さんの好みを把握していて、それを外すようなものは出さなかったからです。

例えばいくらレバーの串が余っていても、レバーが苦手な相手には決して出しませんでした。塩かタレか、というところまで相手の好みを知っていたので、おまかせでも問題がなかったのです。

「最初に焼き鳥を5本注文する」というルールにしても、多くの若いお客様は焼き鳥5本だけでおさまるわけもなく、最初の5本を食べると、何かしら追加で頼んでいました。勝手なルールのようでいて、お客様に無理をさせるようなものではなかったのです。

ビジネスをしていると「お客様にいい顔をしようとすると採算が悪くなってしまう」というパターンと「自分の都合を押しつけてお客様が離れてしまう」というパターン

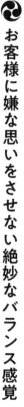

の狭間で悩みごとは多いと思いますが、大将はそのあたりのバランス感覚がとても優れていたのでしょう。

商売として押さえるところはきっちり押さえつつ、お客様に嫌な思いはさせない。

これもお店が長続きした秘訣の１つだったと思います。

4 常連さんを電話で呼びつける

「何時に来る？」と会社に電話

一見さんが少なく、売上が伸びなさそうな日など、大将は「〇〇さん、来てくれるかなぁ。ちょっと電話してみよう」と、常連さんに電話をすることが多々ありました。いわゆる電話営業です。

そのやり方にも、大将独特のスタイルがありました。来てくださいとお願いするのではなく、「何曜日と何曜日は来られるよね。何時頃になるの？」と、来ることは前提で聞くのです。夜型で残業が多い仕事の常連さんに「仕事が終わったらどう？ 11時回ってもいいから」と、電話をかけたりもしていました。

まだ携帯がない時代ですから、電話をかけるといっても、お客様の勤務先の固定電話にかけるわけです。でもそんなことは大将は気にせず、相手の勤務先が大企業でも構わず電話をかけていました。

まだ大らかな時代だったということはあるでしょうが、けっこう大胆なことをしていたなぁ、と思います。

焼きたての好物を用意する気遣いがあってこそ

それでも、お客様がそんな電話に怒らず、「しょうがないなぁ」などといいつつ許してくれていたのは、もちろん理由があります。

「○○さんが何時に来る」と分かると、大将はちゃんとその常連さんの好きな焼き鳥や好みの料理を取っておき、店に到着する頃には焼き上がっているようにしていたのです。たとえ電話で呼びつけられたとしても、自分のために、こうして焼き鳥を焼いておいてくれるとなると、やはり悪い気持ちはしないですよね。独身の人であれば、ついお店に寄りたくなると思います。

実際、こちらから電話するだけでなく、常連さんからもよく「今から神田を出ますから何時頃着きます」といった連絡が来ていました。

こういう点、大将は本当に営業がうまかったと思います。相手の心の隙間を、すっと埋めるような営業は、とても勉強になりました。しつこくしてはダメですし、画一的な営業ではなく、その人に合った提案をすることが大事だということを大将から学びました。

ビジネスを回すために必要な数字を把握する大切さ

ちなみに大将のお店の場合、1日に常連さんが5～6人、常連さんではないけれどもたまに来る人、一見さんのような不確定な人が5人～7人ぐらい来てくれる、というパターンが標準でした。

トータルで1日10人～13人のお客様が来て、客単価が3000円くらいですので、1日の売上は3万円ちょっと。大将の場合は、原価2割を守ることを徹底していましたので、毎日3万円以上売上があれば、赤字になることはなく、ビジネスは回ります。

なので、今日はそれよりお客様が少ないなという日は、常連さんに電話をして来てもらい、1日1日、赤字を出さないようにしていたのです。別に、むやみやたらと毎日電話をかけていたわけではありません。

そのあたりのバランスを取って、あまりしつこく電話をかけなくても済むように、大将は常に30人〜40人ぐらいの常連さんを作ることを意識していました。

このように「自分のビジネスを回していくために、頼れるお客様が何人必要か」ということをきちんと意識しているビジネスマンは、意外と少ないのではないでしょうか？

それができていたのも大将のすごいところだったなぁ、と今にしてしみじみ感じます。

5 年末の大掃除には常連さんを動員する

常連さんにはお使いを頼むのも日常だった

大将のお店は、日頃から、常連さんが「働く」お店でした。その辺も「変」なお店だったと思います。

お店の主催で行っていた旅行の積立貯金の集金も常連さんがやっていましたし、ちょっとしたお使いも常連さんの役目でした。例えばお店では3銘柄だけですが、たばこを扱っており、お店のたばこが切れると常連さんに「ちょっと買ってきてよ」と頼んでいました。

お店の営業時間は5時から11時でしたが、大将は仕込みのために昼の12時ぐらいにはお店に行っていたので、夜勤明けの常連さんがお昼頃にお店に来て、大将が仕込みをしている横で飲んでいることもありました。そんな時は、「ロヂャース（ディスカウントスーパー）で洗剤が安いから買ってきてよ」と買い物を頼むことも。「その代わりに、食べたいお昼ご飯も買ってきて持ち込んでいいから。ついでに俺の分も買ってきて」と、お店でお客様と一緒にお昼ご飯を食べていることもありました。

大掃除には強制参加

特に年末の大掃除は、学生も含めて、本当に常連さんをこき使っていました。

独身の常連さん達も、年末は実家に帰ったり、旅行に行ったりなど、いろいろ予定があります。そんな中でも「毎年12月30日にお店の大掃除」というのは決まっており、常連さん達にも、その日にお店の大掃除の予定を入れさせるのです。

人数は、毎年だいたい3人程度。去年と同じ顔ぶれの時もあれば、年によって違う人の場合もありました。

朝から掃除をして、晩は飲み会になるとはいえ、昼間はみっちりと働かされます。常連さんも、「人使いが粗いなぁ」と文句をいいながらも、楽しみながらやっていたようです。

そして、やっぱり自分の磨いた店なので愛着もわき、来年も来ようという気になっていたようです。

頼ることで「お客様以上」の関係を築く

他にも常連さんには恒例の麻雀大会がありました。なぜか優勝者とブービー賞が次回の幹事になり、人数集めまでするという、勝って嬉しいという喜びと、面倒くささが同居した独特なシステムでした。

先ほど、自分のお昼ご飯を買いに行かせるという話にもありましたが、もちろん、蛍光灯や洗剤などの備品を買いに行ってもらうことは当たり前で、周りのお店から焼き鳥の注文が入った時の配達も、お客様に行かせたり、大将自身が具合の悪い日には常連さんに焼き鳥を焼かせたり、肩もみをさせたりしていることもありました。

お客様と、単にお酒を飲む場の店主と客としての関係性以上のものを築くことは、ビジネスの場においても優位に働きます。大将はもちろん何かビジネスを学んだわけではないですが、それを感覚的に感じ取っていたのだと思います。

6 自店のもの以外の商品まで予約販売する

親戚が作った「じゃこ天」や「みかん」を半ば強制的に販売

大将は愛媛県の出身で、親族が愛媛で「じゃこ天」を作っていました。じゃこ天とは愛媛の郷土料理で、魚などのすり身を揚げた、さつま揚げに近い食べものです。

そのじゃこ天は、お店でも裏メニューのように、焼いてスライスをし、おつまみとしても出していましたが、お持ち帰りの商品としてそのまま販売もしていました。しかも、最初は年に数回、期間限定として売っていましたが、次第に頻度が上がり、毎月のように箱売りをするようになったのです。

箱売りですから、常連さんに「そんなにたくさん食べれない」といわれると、「ご近所にあげればいいじゃない」と、常連さんのご自宅に直送すらしていました。

他にも、みかんの予約販売もしていました。愛媛の本家で作っているみかんで、それを産地直送します。これが美味しいんです。「今年のみかんは良かったから、2箱どう？」と、半ば強制で買わせていました。それでも、常連さん達は、「もうみかんの季節か」といいながら、買ってくれていました。

お客様を飽きさせないための工夫

そういった予約販売は、お店ではマージンを取っていなかったので、実は自分の店の儲けにはなっていませんでした。

それでもわざわざ販売していたのは、1年365日マンネリの焼き鳥屋に変化を付けるため、お客様を楽しませるための風物詩の1つにしていたのだと思います。大将は、そのようにお客様を飽きさせない仕掛けを常に考えていたのです。

このようにお客様を常に飽きさせない工夫、というのはどんなビジネスにも大事なことではないでしょうか。いつも同じことばかりをしていてはお客様に飽きられたり、お客様が離れていってしまいます。

どうお客様の心を常につかんでおくか？　そのための工夫が常に必要だということも、大将の姿勢から学んだことの1つです。

7
麻雀大会や旅行などのイベントに強制参加させる

1人静かに飲むのはＮＧ

　１人で来てカウンターで静かに本を読みながら飲んでいる……。今でいえば、スマホを見ながら静かに飲むということになるのでしょうが、飲み屋さんでよく見られるこんな光景も、大将の店ではＮＧでした。大将が目指したのは、常連さんがワイワイとやっている楽しいお店です。

　１人で来るのはＯＫですが、誰ともコミュニケーションを取らずに黙々と飲んでいるのはＮＧだったのです。

　これまたわがままな店ですが、それが強烈な個性となって、ニッチマーケットを突き進み、吉祥寺という飲み屋の激戦区で、生き残りにも勝てたのだと思います。

そうした個性の延長線上にあることの1つに、店が主催する各種イベントがありました。

店内の共通言語は競馬

大将は大の競馬好きで、自然と常連さんにも競馬好きの人が多かったようです。よく営業の本に「共通項を早く見つける」とありますが、まさに店内の日々の共通言語は競馬でした。野球ファンが集まるような飲み屋さんでは「今日、自分の好きなチームがどうだった」とか「選手の誰々はどう」といった会話があると思いますが、それが大将の店では競馬なのです。

だから、1人で読書をするのはNGですが、競馬新聞を読むのはOKというルールもありました。

競馬は、春はスプリングステークス、秋は菊花賞、年末に有馬記念というように四季折々に様々なレースがあるので、その時期になるとみんなで競馬観戦ツアーにも行っていました。そして、12月に有馬記念が終わり、競馬のシーズンが終わると麻雀大会が行われていました。麻雀も、大将が好きな遊びの1つだったのです。

常連さんも、皆そういったイベントを楽しんでいたと思います。

今時は、お客様の集客のためのツールとしてイベントを設けている飲食店も多いですが、大将は昔から、それを自然とやっていたわけです。当時、そういう店は、ほとんどなかったと記憶しています。

強制の旅行積み立てで2年に1回の飲んだくれバスツアー

また、常連さんになると、毎月2000円といったように強制の旅行積み立てをさせられていました。例えば、お会計が2000円で、常連さんが1万円を出したとしたら、おつりを6000円しか渡さないのです。

常連さんは独身男性が中心だったので、家族を養っているわけではなく、自由になるお金が比較的ある層でした。ですから、そういったことができたのでしょうし、実際、大将も、そういうお客様をターゲットにしていました。

しかも信用金庫に旅行用の積立口座を作っていて、管理は信用金庫の行員である常連さんがしていました。自分は入金に行かず、その常連さんにお金を渡すだけです。大きい旅行は3年に1回、バスツアーで箱根や山梨などに行きました。

私も高校生ぐらいの時までは、それらのツアーに参加したことがありますが、先輩の常連さんが会社の部下の女性を何人か連れてくることもあり、独身の常連さんには、それが出会いのきっかけになることもあったようです。

心を癒やしてくれる居場所を作る

店でも、常連さんが知り合いを1回連れてきて、次に、その知り合いの人が1人で来てくれて、周りの人ともいつのまにか仲良く話していたり、まったく他人同士がカウンターに1人で座っていても、大将がいることで、そのお店がなければ出会うことがない人たちが出会って仲良くなるというのを、私は何度も見てきました。

大将の店は、独身男性の常連さん達にとっての我が家のようなもの。居場所であり、ある意味逃げ場所やシェルターとしての役割を持っていましたし、大将も、そういう場所を作りたかったのだと思います。

人間、戻ってくる場所がないとなかなか思い切り活躍できません。お客様自身も、チャレンジをして失敗したり、落ち込んだりした時に、心を癒やしてくれる場所として、あの店を求めていたのだと思います。

8 営業後は「夜の街のパトロール」へ出動する

大量の焼き鳥を買っていく謎のお姉さんの正体

今はコロナ禍でテイクアウトやデリバリーが増えましたが、大将のお店では、当時には珍しくお持ち帰りのサービスも行っていました。

どこからか夕方に電話がかかってきて、大将が大量の焼き鳥を焼き始めるのです。

そして丁度焼き上がるかどうかの頃、香水のいい香りのする、ハーモニカ横丁に相応しくないお姉さんが来店します。そのお姉さんがぐいっと1杯か2杯飲み、焼き上がって少し冷め始めた焼き鳥を持って、どこかへ行くのを、小学生の私は不思議に思いながら見ていました。

その正体が明確に分かったのは、中学校を卒業する頃だったでしょうか。

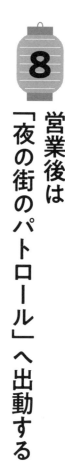

その日は、たまたま私も店にいて、大将は夜11時に店が終わると「ちょっと寄るところがあるから」と駅へは向かわず、当時の通称「近鉄裏」へ私を連れて向かったのです。今はヨドバシカメラがある場所に当時は近鉄百貨店があり、その裏手周辺はそう呼ばれていました。このエリアは吉祥寺の中での繁華街で、ネオンきらめく小さい新宿歌舞伎町のような場所です。

大将と一緒に行ったのは、そこにあるクラブか何かだったと思います。大きな花が何基かあったので、今思えば「周年記念」か何かだったのでしょう。店内が混雑していたのも覚えています。だからなのか、大将は30分ほどいて、すぐに「お会計」といって店を出ました。

商売は人と人の繋がり

つまり大将は、店が終わった後は、普段焼き鳥を買っていってくれるお姉さんが勤める店に、飲みにいっていたのです。もちろん毎日ではなかったと思います。

その日も何軒か回り、帰りのタクシーの中で「なんで何軒も回ったの？」と質問をすると、「さっきのお店のお姉さんがうちに来てくれれば、そのお客様に紹介してくれて、またそこのお客様がうちのお店に来てくれるんだよ」、そして「うちのお店のお客様も、今日行ったお店を紹介してあげれば、お互いによくなるだろう」と、人と人が繋がる真面目な商売の話をしてくれました。

今だからいえますが、当時の父親は、自宅の玄関で寝ていたこともあるなど、泥酔するまでかなり飲み歩いていたようで、酒を飲んで死ねれば本望、とまでいっていました。それ自体はどうかと思うのですが、商売はご縁を大切にするべし、ということは中学生ながらにひしひしと伝わってきたものです。

こうした体験も、今の私を形作る大切な思い出の1つだと、今は感じています。

第1章

焼き鳥屋で学んだ「仕事選び」7つの教え

大将の焼き鳥屋は、常連さんも個性的。教師や銀行マン、公務員やお医者様といったお堅い職業の方から、洋服屋店員、ホテルマンや高級スーパー社員、自動車整備工場や不動産会社の経営者、政治家秘書の方まで……そうした多種多様な職種の方々と接する中で、私は自然と仕事選びのコツを学びました。

1 高年収を目指すなら「平均年収が高い業界」を選べ

羽振りのいいお客さんは、業種が偏っていた

私が大将の焼き鳥屋を手伝い始めたのは小学生の頃ですが、その時に疑問に思っていたことがあります。それは「来店するお客さんの業種ごとに、使うお金の額に差があるなぁ」ということです。

当時は、高度経済成長期の真っただ中。お店に来るお客さん達の間にも「明日は今日よりも良くなる」という時代の空気感が漂っていて、全体的に景気は良かったのですが、そんな中でも明らかに宴会を行う会社（業種）ごとに、会の予算が違うのです。

いわゆる羽振りが良いという印象を受けた業種は銀行や証券会社、保険会社など金融関係の方や、公務員の方でした。

そういった羽振りの良い団体さんの場合、会の予算が高額なのはもちろんのこと、会の最後には、次に行く2次会のお店（それとなく聞き耳を立てていると、どうやら「女性がいる高級なお店」のようでした）へのお土産ということで、焼き鳥を大量にお持ち帰りしてくれました。

また、小学生の私へのチップも弾んでくれたものです。

そんなことから、幼心に「この人達は儲かっているのだなぁ」と感じていました。

調べてみたら、業種によって稼ぎやすさが違った

それから時が経ち、高卒フリーターだった私が就職をしようと思った時に、ふと頭によぎったのが、この小学生の頃の記憶でした。

もしかしたら、業種によって稼ぎやすさが違うかもしれない。自由気ままなフリーター生活を捨てサラリーマンになる以上、どうしても年収1000万円を目指したかった私は、国税庁の資料を見て、各業界の平均年収を調べてみました。

すると、思った以上に業界によって平均年収が違ったのです。

例えば、飲食業界。大将の業界もこの飲食業界ですが、平均年収はだいたい500万円ぐらいです。店長でも年収600万円ぐらいですから、飲食業界で活躍しても年収1000万円はかなり難しいということが分かりました。

また、私はフリーター時代にアパレル業界にいましたが、この業界は店長でも年収は500万円ぐらいです（土日も仕事のことが多いので、逆に平日は意外と休めるのですが……）。なので、アパレル業界も早々に諦めました。

国税庁の資料では3次産業、つまり販売、飲食、ホテルなどのサービス系は、どれも年収が低めでした。

逆に高収入だった業界は金融、保険、情報通信、教育など。平均年収800万円以上となると、電気・ガス・熱供給・水道業のようにインフラを支える業界になっていました。

業種別の給与階級別構成割合

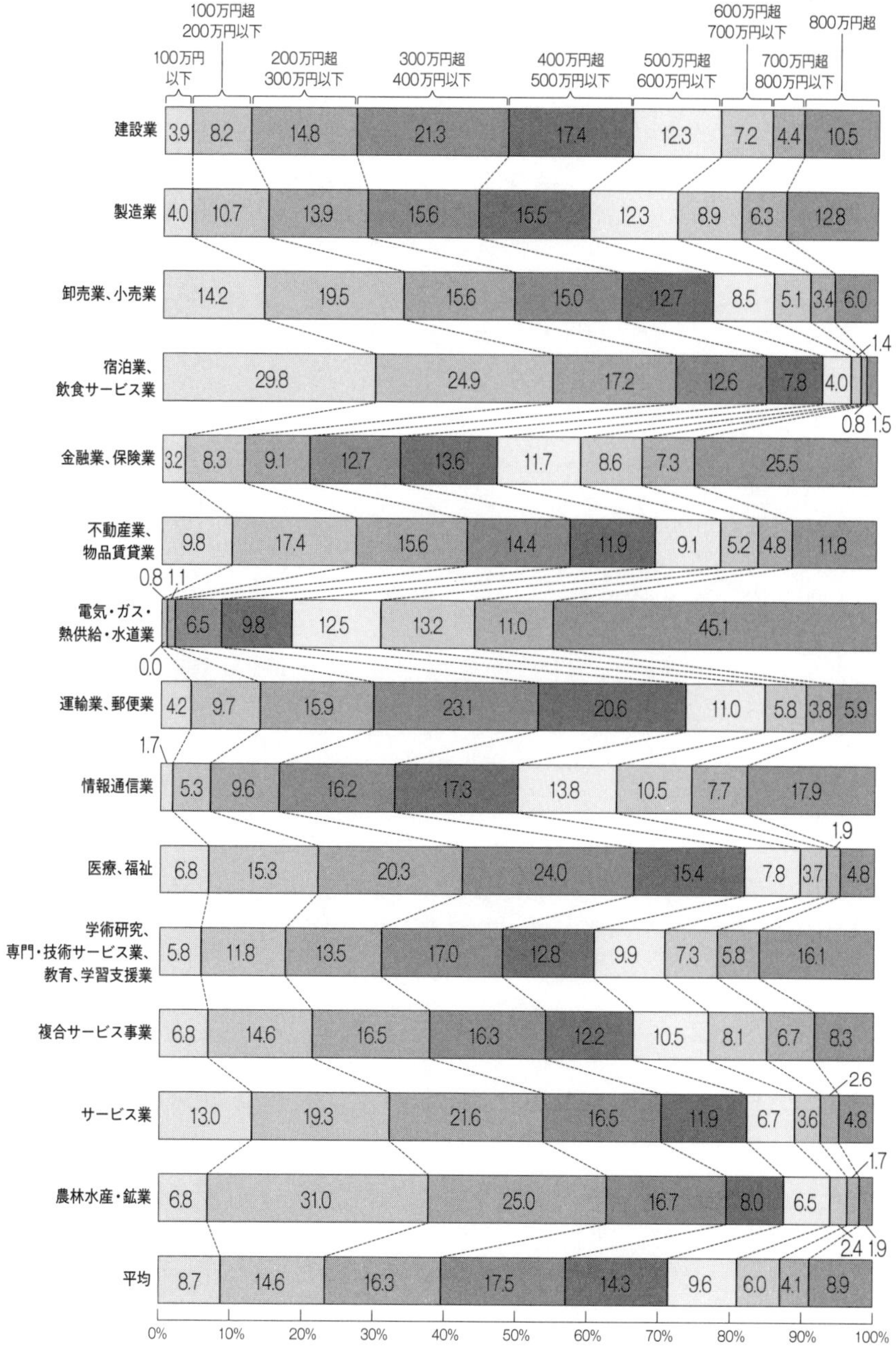

100万円以下
100万円超200万円以下
200万円超300万円以下
300万円超400万円以下
400万円超500万円以下
500万円超600万円以下
600万円超700万円以下
700万円超800万円以下
800万円超
建設業 3.9 8.2 14.8 21.3 17.4 12.3 7.2 4.4 10.5
製造業 4.0 10.7 13.9 15.6 15.5 12.3 8.9 6.3 12.8
卸売業、小売業 14.2 19.5 15.6 15.0 12.7 8.5 5.1 3.4 6.0
宿泊業、飲食サービス業 29.8 24.9 17.2 12.6 7.8 4.0 0.8 1.4 1.5
金融業、保険業 3.2 8.3 9.1 12.7 13.6 11.7 8.6 7.3 25.5
不動産業、物品賃貸業 9.8 17.4 15.6 14.4 11.9 9.1 5.2 4.8 11.8
電気・ガス・熱供給・水道業 0.0 0.8 1.1 6.5 9.8 12.5 13.2 11.0 45.1
運輸業、郵便業 4.2 9.7 15.9 23.1 20.6 11.0 5.8 3.8 5.9
情報通信業 1.7 5.3 9.6 16.2 17.3 13.8 10.5 7.7 17.9
医療、福祉 6.8 15.3 20.3 24.0 15.4 7.8 3.7 1.9 4.8
学術研究、専門・技術サービス業、教育、学習支援業 5.8 11.8 13.5 17.0 12.8 9.9 7.3 5.8 16.1
複合サービス事業 6.8 14.6 16.5 16.3 12.2 10.5 8.1 6.7 8.3
サービス業 13.0 19.3 21.6 16.5 11.9 6.7 3.6 2.6 4.8
農林水産・鉱業 6.8 31.0 25.0 16.7 8.0 6.5 2.4 1.7 1.9
平均 8.7 14.6 16.3 17.5 14.3 9.6 6.0 4.1 8.9
0% 10% 20% 30% 40% 50% 60% 70% 80% 90% 100%

※国税庁資料より作成

高卒フリーターでも会社員で年収1000万円稼げる仕事が不動産だった

ただ、そういったインフラ業界の場合、高卒だと作業員というような職種でしか募集がありません。いくら高年収の業種とは言え、さすがに作業員で年収1000万円は無理でしょう。

また銀行や保険など金融関係も大卒がスタンダードで、中途採用はまだ少なく、高卒は新卒でないと厳しい時代でした。

そうした中、学歴不問、即正社員で年収1000万円を超えられる業種となると、そう選択肢はなかったのです。そして、その1つが不動産業界でした。

だから私は、不動産業界を選んだのです。ハッキリいってしまえば、別に不動産業に興味があったわけではありませんでした。

また、不動産業界が未経験者が即正社員として登用しているのには、当然それなりの理由がありました。ズバリ「簡単に辞めさせない」ための抑止力です。正社員にしてしまえば、各種手続きが伴いますので、逃げるように退職することができません。そんな、今でいうパワハラ・モラハラな理由で正社員登用するのです。そういう意味では、必ずしも理想的な業種とはいえませんでした。

それでも、実際に自分でいろいろ調べてみて、「短期間で年収1000万円を目指すには、やはりここしかない」と自分の中で納得して決めたのです。当時、年収600万円以上が20％以上を占めている業界というのは、それだけ私にとって大きな魅力でした。

結果、実際に5年で年収1000万円を突破できましたし、今では不動産の仕事に誇りを持って取り組めていますので、まずは年収から業種を選ぶのも悪いことではないのではないと思っています。

お金がすべてではないけれど

もちろん、誰もが給料の金額だけで仕事を選ぶべきとは思いません。好き嫌いや向き不向きもありますし、そもそも「年収1000万円なんて必要ないよ」という人もいるでしょう。

人によって価値観や考え方は違うはずですし、人の数だけ仕事選びの基準があっていいと思っています。

ただし、そうであっても、就職で業界を選ぶ時に平均年収はきちんと調べておくべきです。なぜなら、年収1000万円までは行かなくても、やはり生きていくため、自分が満足できる生活をするためには、ある程度のお金は必要だからです。

その金額がいくらにせよ、「自分が必要とするお金を稼げる業界かどうか」はきちんと確かめておくべきでしょう。

前述のように国税庁のデータを見れば業界の平均年収は簡単に分かりますので、ぜひ最新のものを自分でチェックしてみてください。

2 安定性を求めるなら「原価率が低い業種」を選べ

大将の焼き鳥屋は「原価2割未満」を徹底

私が小学生の頃から、大将はよく「うちは原価率2割未満だから」というような話をしてくれました。

例えば焼き鳥は原価○割、飲み物は○割、おつまみは○割など……当時いっさいメモを取っていなかったのでハッキリと覚えてはいませんが、とにかく原価を2割未満に抑えていたことだけは、なんとなく記憶に残っています。

また、それと一緒に「良い材料を使って、それを安く出すことが、お店を繁盛させるわけではない」ということも、大将はよくいっていました。だから原価率を上げてはいけないというわけです。

正直なところ、子どもの頃はそんな話を聞いても、ピンと来ませんでした。むしろ内心では「美味しい料理を安く提供すれば、それが話題となって、お客さんがたくさん来るんじゃないの？」と考えていたくらいです。

新陳代謝の激しい街で生き残った秘訣は原価率だった

ただ、成長していくにつれて、私も「どうやら大将のいっていることには一理ありそうだぞ」と思うようになりました。

というのも、吉祥寺は、新しいお店ができては消えてゆく、いわゆる新陳代謝のペースが早い街です。その街の変化を見ていると、大将の焼き鳥屋のように長年に渡って繁盛しているお店がある一方で、新規開店して味も美味しく価格も安いのに、なぜか撤退してしまうお店があるという光景に何度も出会うのです。

それは飲食店に限らず、アパレルや雑貨店など、どんな業種でも見受けられたと記憶しています。

では、生き残るお店と消えるお店の何が違うのか？

もちろん個別のお店によって様々な原因があるのでしょうが、大きな傾向としては、原価率が低い商売ほど生き残りやすいと感じました。やはり、大将のいっていることは正しかったのです。

原価率の高い業界では、人気店でも生き残るのは難しい

例えば、私はフリーター時代に、吉祥寺ロンロン（現アトレ吉祥寺）内にあったテクテックというスニーカーショップで働いていたことがあります。当時、業界ではかなりの有名店だったので、古くからのスニーカーマニアの方であれば懐かしく感じるかもしれませんね。

しかし、そんな有名店でも、内情は決して楽ではありませんでした（私はしょせんアルバイトだったので、経営の細かいところまでは知るよしもありませんが……）。

というのも、スニーカーの仕入れ原価は5割がほとんどなのです。少し強気なメー

カーだと6割ということもありました。大将の焼き鳥屋と比べると、ずいぶん高い原価率だなと驚いた記憶があります。

しかも、スニーカーには色違いやサイズ展開もあるので、1つのモデルについて14～15足の在庫が必要になります。在庫がないと売ることができませんから仕入れるしかないのですが、とはいえデザインやサイズの売れ方にムラがありますし、どうしても大量の売れ残りが出るのです。

そうなると、在庫品の保管場所にもお金がかかりますし、スニーカーには流行もあるので、最後はセールで大幅に割り引きしてでも売るしかありません。これがさらに原価率を引き上げます。

当時はスニーカーブームでしたから何とか成立していましたが、なかなか長続きは難しい商売だろうな、と感じたものです。

なぜ美容室はなかなか潰れないのか?

一方で、原価率が低ければ、お店は意外としぶとく生き残るものです。

例えば、美容室。吉祥寺に限らず、人気の街に行っても、駅前やショッピングモールの良いロケーションに美容室が入っていますね。

美容室というのは、１人のお客さんをカットするのにどうしても1～2時間はかかりますから、いくら流行っているお店であっても、１日に稼げる売上には限界があります。それにもかかわらず、なぜ立地の良い、高い家賃の店舗を借りてやっていけるのか、不思議に思いませんか？

私のサーフィン仲間に美容師がいて、その彼が独立してお店を出すことになったので、話を聞いてみたことがあります。その秘密は、やはり原価率でした。

美容室は店を借りたり内装工事をしたり、初期費用はそこそこかかりますが、オープンさえしてしまえば原価がほとんどかかりません。仕入れるのはシャンプーやトリートメント、パーマ液やパーマ用のロッドといった消耗品ぐらいで、固定費は家賃、水道代、電気代だけです。

しかも美容室というのは、いったんお客さんに気に入ってもらえれば、定期的にずっと通ってくれる常連さんになってもらえますから、そうした常連さんを一定数確保できれば集客コストもそれほどかけなくて済みます。

このような原価率の低さこそが、一等地でお店を維持できる秘密だったのです。

安定性を求めるなら原価率が低い業種がお薦め

私が就職するにあたり不動産仲介業を選んだ理由の1つも、実は原価率でした。

そもそもフリーターを辞め正社員として就職するのは、安定した仕事に就くためです。そのためには、維持しやすい＝原価率が低いビジネスを選んだ方が良いに決まっています。

その点でも、不動産仲介業という仕事は優秀でした。不動産を売りたい人と買いたい人を仲介して、成約した物件に対して手数料をもらうというビジネスですから、物件を仕入れる必要はありません。つまり、ほとんど原価がかからないのです。

ちなみに不動産仲介業に限らず、ものを売って利益を出しているのではなく、いわゆるサービスに対価を払ってもらっている仕事は、基本的に原価率が低い傾向があります。

仕事を選ぶ基準は人によっていろいろ違うとは思いますが、いずれにせよサラリーマンとして就職したいのであれば、ある程度の安定性を求めたい人がほとんどなのではないでしょうか？

原価構造というのは業界ごとに意外と違うものですから、そうした視点から仕事を選んでみるのもいいと思います。

3 将来が不安なら「これから需要が増える仕事」を選べ

吉祥寺の発展を見通して独立開業した大将の慧眼

もともと大将は最初から自分のお店を持っていたわけではなく、現在の吉祥寺北口駅前ロータリーができる前は、駅前の居酒屋で働いていました。ところが昭和62年の北口駅前ロータリーの再開発で、働いていた居酒屋が立ち退きの対象になってしまい、それがきっかけで独立して自分の焼き鳥屋を開業します。

では、なぜ大将は他のお店への転職ではなく、独立開業を選んだのか？

それは、大将には「吉祥寺はまだまだ発展して人が増える」そして「街に人が増えていくなら、自分のやりたい個性を発揮したお店であったとしてもやっていける」という確信があったからです。

その当時の吉祥寺は、今ほど全国区の安定した人気の街ではなく、まだまだ発展途上だったと聞いています。しかし、先ほどの北口駅前ロータリー再開発を筆頭に、吉祥寺パルコの開業計画なども持ち上がっていました。大将は、そうした吉祥寺の発展を見通して、焼き鳥屋を開業することに決めたのです。

実際、吉祥寺駅の乗降客数を東京都の統計で見てみると、昭和50年代前半まで１日平均約17万人程度だったのが、昭和62年に吉祥寺北口駅前広場が完成してから１日平均約20万人を超えるようになって、現在は37万人まで増えています。結果としてお店を40年近く続けることができたわけですから、我が父親ながら慧眼だったといえるでしょう。

❸ 私が不動産仲介事業を選んだのは「新築から中古への転換」を見越したから

大将からそういった話を聞かされていたので、私自身が就職先を探す時にも、もちろん自分なりに将来の需要予測をしました。

実は当時「高卒フリーターでも正社員で年収1000万円を超えられる」「原価率が低い」という条件を満たす仕事としては、不動産仲介の他に、建築現場の監督や、保険営業の仕事も候補に挙がっていたのですが、その中でも需要の盛り上がりを想定できたのが不動産仲介の仕事だったのです。

当時の不動産業界の状況を簡単に説明すると、統計資料では人口の減少気配が見え始め、新築着工数も1995年頃に160万戸前後だったのが、120万戸程度まで落ち込み、今後100万戸を割ると予想されていました。つまり不動産業界の中でも、新築を中心とするデベロッパー業の先行きは危うい状況でした。

その一方で、政府の政策として既存住宅を活かす方向へ舵が切られ、中古住宅の流通が活発になる兆しがあったのです。それはフリーター時代、環境問題に意識の高いアウトドアブランド（パタゴニア）にいて感じた、サステナブルへの需要転換の感覚とも一致していました。

だから、中古住宅の流通市場を担う不動産仲介業は伸びると思ったのです。

事実、国土交通省の資料「既存住宅流通を取り巻く状況と活性化に向けた取り組み」を見ると、平成15年頃は新築にこだわる人が約7割程度でしたが、平成25年には約5割程度まで減っています。約２割もの方々が「こだわらない」もしくは「中古が良い」という方向に、ニーズが変化したのです。まさに私の予測通りです。

その結果、中古住宅の流通市場は活況となり、不動産仲介会社も増収増益を達成、私の年収も無事１０００万円を超えました。

未来は統計資料を見れば予測できる

このように、将来の需要予測というのも、仕事選びの中では大切な基準の１つといえます。

では、どうすれば将来を予測できるのでしょうか？

映画『バック・トゥ・ザ・フューチャー』の中に、いじめっ子のビフが未来のスポーツ年鑑を手にして、スポーツの勝者を賭け事で的中させ、大金を手に入れるエピソードがあります。もちろん現実には、未来のスポーツ年鑑が自分の手元に降ってくることはありませんが、それに近いものはあるのです。

それは国税庁などの国や、都道府県、地方自治体など、公的な団体が一生懸命調べた「統計」です。これらの統計を使って、それぞれの分野に詳しい専門家が将来を予測した資料は、現在、簡単にインターネットで手に入れることができます。しかも無料です。これを活用しない手はありません。

もちろん、私自身こうした資料を活用して未来を予測してきました。

これから伸びるビジネスをズバリ予想！

例えば、国立社会保障・人口問題研究所が作成している「日本の将来推計人口」という資料があります。平成29年推計によれば、2053年には1億人を割り、2065年には8808万人、2115年には5158万人になるそうです。現在、コロナ禍により出生率が下がっているということを加味すると、実際にはさらに減少スピードが速くなるかもしれません。

その一方で、世界の人口は増加傾向にあります。国際連合広報センターのサイトに出ている、国連経済社会局人口部発表の「世界人口推計２０１９年版：要旨」によると、２０５０年には97億人と、約30年で20億人の増加が見込まれています。こちらも新型コロナの影響で予想より増加ペースが緩むとは思いますが、日本と異なり、世界の人口が増えることは間違いなさそうです。

そうなると、どのような需要変化が予測されるでしょうか？

まず、世界的には人口増で食糧不足が起こり、農業の需要が増えていくでしょう。

一方で、日本国内は人口減で需要が減っていきますから、国内企業にとってはグローバル展開が必要になってくるはずです。それに伴って、インターネット関連事業はより拡大していくでしょう。

私が今いる不動産仲介業界でいうなら、企業や個人の世界進出をお手伝いする海外不動産仲介が今後は伸びていくのではないかな、と考えています。

このようにビジネスというのは「今」だけを見るのではなく、これから先、実際に何が必要なのか総合的に判断をしつつ先見の明を持つこと、そして世の中の需要がどう動いていくか見極めることが大事なのです。

4 天職を見つけたいなら「個性を発揮できる仕事」を選べ

嫌いなことはやりたくない大将の性格が生きた焼き鳥屋という天職

大将は人生を謳歌するため、嫌いなことは極力やらないという性格でした。なので、若い頃は仕事が長続きせず、いろいろな仕事を転々としていたようです。

大将はあまりそういった話はしてくれなかったので詳しくは分からないのですが、なんと最初は教師志望だったそうです。7人兄弟の中で唯一、東京へ上京し専修大学へ通い、卒業してから一時は社会科の先生の補佐をしていたとのこと。大将が教壇に立って真面目に授業をしている姿は、ちょっと想像がつきませんが……（笑）。

私も27歳までその日暮らしのフリーター生活をしていたので、人のことはいえませんが、大将にはサラリーマン生活を続けるのは性格的に無理だったのでしょう。血は争えないということかもしれません。

でも、そんな大将が「やきとり大衆」だけは35年間続けることができました。

そこには様々な理由があると思いますが、なんといっても一番大きな要因は「大将の個性が生きる仕事だった」ということだと思います。

大将は「飲んで死ねたら、それが本望」というぐらいにお酒が好きでしたし、「嫌いなことは極力やらない」という性格から来た「お客様を選別する」「暗黙の独自ルールがたくさんある」といった方針も、むしろお店の魅力としてプラスに働いたというのは、これまでにお話しした通りです。

焼き鳥屋という仕事は大将の天職だったのでしょう。

私がお店を継がなかった理由

そうした大将の姿を見て育ってきたので、私も就職するにあたっては、いくら条件が良くても自分の性格的に向いていない仕事ではなく、自分の個性が生きる仕事を選ぼうと考えました。

なにしろ、そもそも「結婚するために定職に就く」というのが就職の動機でしたから、性格的に向いていない仕事をしても、長続きせず意味がないと思ったのです。

少々余談になりますが、私が大将のお店を継がなかった理由の1つも、そこにありました。大将には申し訳なかったのですが、私は飲食店が、まったくといってもいいほど向いていません。なぜなら、美味しそうに食べている人を見ると、私まで無性にお腹が空いてしまい、ジェラシーを抱いてしまうからです（笑）。

もちろんそれだけが理由のすべてではないのですが、「自分が後を継いでも、きっと長続きはしないだろう」と考えたのを覚えています。

年収1000万円を突破するには、個性を発揮

では、なぜ私は不動産の営業マンを選んだのか？

それは、小学生から大将のお店の手伝いをして培った「年上の人とのコミュニケーションが好きで、苦にならない」という個性が生きると考えたからです。

大将のお店には、大学生からご年配の方まで、年齢も職業も様々な常連さんがいらっしゃいました。そうした常連さんに可愛がられながら育ったので、自分は他の人よりも、年上の人とのコミュニケーションが得意でした。不動産の営業マンという仕事なら、そうした自分の個性が武器になると感じたのです。

実は「不動産業界に行こうかと考えている」と話した時、大将や常連さんから「不動産業界は、職人的で上下関係が厳しいぞ」という忠告をもらいました。「堅物な上司や先輩がいて、同じ会社でも全員がライバルだから、優しく教えてくれたりしないぞ！　ちゃんと続けられるのか？」と心配してくれたのです。

しかし、そのような人間関係の中でノウハウを聞いたり甘えたりするのは、むしろ自分が得意とするところだと、私には妙な自信がありました。だから、まったくの未経験なのに不動産業界に飛び込んだのです。

そして実際、私のその考えは当たっていました。しかも、家を貸したい・売りたいという方々は、自分よりも年上の人が多いので、対お客様でも自分の個性を活かすことができたのです。

今では、まさに不動産の営業マンは自分の一生の天職だと確信しています。

個性を殺さないとできない仕事より、個性を活かせる仕事の方が、稼ぎやすい

皆さんの中には、「仕事とは、個性を殺して我慢してお金をもらうこと」というイメージを持っている方もいらっしゃるかもしれません。

私自身も、フリーター時代には「自分が大好きなカジュアルウェア以外は着たくない！　スーツを着る仕事なんて一生やらない！」「自分が着るスーツはウエットスーツだけだ！」と豪語して、就職しない言い訳にしていました。

しかし、それは幼稚な考え方だったと今では反省しています。

確かに、仕事をしていると苦手なこと、我慢しなければいけない場面も多少はあり

ます。しかし、それは仕事の本質ではありません。

仕事の本質とは、「お客様に価値を提供し、喜んでいただくこと」。あなたが我慢したからといって、それでお客様に提供できる価値が増えるでしょうか？　それよりは、自分の個性や得意なことを活かした方が、お客様にたくさんの価値を提供でき、結果として仕事で成功する確率も上がります。

得意なことといっても、「他の誰も真似できない特別なスキル」である必要はありません。「他人よりちょっと得意なこと」であれば十分です。

まずは自分は何が得意なのか、ぜひ一度考えてみてください。

5 効率的に稼ぎたいなら「高額な商品を扱える業界」を選べ

「低価格商売」をしていた大将の苦悩

数々の工夫でお店を繁盛させてきた大将でしたが、そんな大将が最後まで苦しめられていたのが、単価の問題でした。

焼き鳥というのは庶民の味ですから、そんなに高い値段は付けられません。大将のお店の場合、開店当初の値段は、焼き鳥１本50円～でした。大将は「常連さんの懐に優しく」という信念を持っていましたから、どちらかといえば安めの値付けだったと思います。

そして、その低価格を維持するために、様々な工夫をしていました。序章で紹介した「お客様の注文を勝手に決めて、徹底的に食材の無駄を省く」というのもその１つです。

それでも約40年近く営業していると、仕入れ価格の上昇や輸送コスト、消費税増税などでの理由で、何度か値上げをせざるを得ないことがあります。

記憶が確かであれば、最初は平成元年の消費税（3％）スタートから数年後だったと思います。耐えきれず遂に焼き鳥1本10円の値上げをして、常連さんから「便乗値上げだ（笑）」とからかわれていた覚えがあります。

その後も何度か値上げして、最終的には焼き鳥1本100円〜となりましたが、そうした値上げをする度に「お客さんが離れていかないかな」「このくらいの値上げなら大丈夫かな」と悩む大将の姿を見てきました。

大将を反面教師にして高額商品の業界へ

結果としては、大将のお店で、値上げを理由にお客様が減ったことはありませんでした。それだけ、お客様に愛されていたのだと思います。

それでも、値上げの度に「大丈夫かな」と悩む大将の顔が脳裏に焼き付いていましたから、私は自分の就職先を考えるにあたって、商品単価の高さにもこだわりました。端的にいえば、この点では大将を反面教師として、「なるべく高額な商品を扱う仕事を選ぼう」と考えたのです。

基本的に、商品の値段が高ければ高いほど、利益の金額も大きくなります。すると、多少のコストアップがあっても吸収できてしまうので、大きな値上げをせずに済む可能性が高くなります。要は「たかだか10円の値上げに、あれこれ思い悩みたくない」ということです（笑）。

それに、例えば１００万円の売上を得ようと思った時、１本１００円の焼き鳥なら１万本売る必要がありますが、１つ１００万円の商品なら１つ売ればＯＫですよね。焼き鳥を１万本売るのはかなり大変です。それよりは１００万円の商品を１つ売る方が、（もちろん１本１００円の焼き鳥より数は売れにくいですが）自分には向いていると考えました。

だから、不動産業界を選んだわけです。

ご存じの通り、不動産というのはとても単価が高い商品です。今や中古マンションでも東京23区内ともなれば7〜8000万円はしてしまいますから、たいていの人にとっては「人生で一番高い買い物」ではないでしょうか？

ちなみに、不動産仲介業の場合、不動産の売買価格そのものが売上になるわけではなく、売り主様や買い主様からいただく仲介手数料が売上となります。この仲介手数料の金額は、扱う物件の価格の約3％が上限と法律で決まっているので、100万円の売上を得るためには、3500万円くらいの物件の売買を成約させればいいということになります（業者によっても手数料が違うので、あくまで目安ですが）。

会社を何度か移ったのも、よりよい高額な商品を扱うため

また、私は不動産業界に入った後も、地元密着型の小さな不動産屋→湘南リハウス株式会社→杉並リハウス株式会社と転職していきました。これも「より高額な商品を扱えるから」という理由です。

不動産は地域によって土地の値段、物件の価格が変わってきます。実際、湘南リハウス時代には戸建ての物件で1億円を越すような取り引きはほとんどありませんでしたが、杉並リハウス時代は戸建ての物件で1億円を超えるのは当たり前でした。

実は不動産の営業マンは会社員であっても、たいてい歩合制なので、より高単価の物件を扱えるということは、それだけ年収が上がりやすいということでもあります。その結果、杉並リハウスに入社してすぐに年収1000万円へ迫るところまで行き、2年目には1000万円を超えたのです。

原価率や顧客生涯価値に注意

ただし、注意したいのが「高額な商品を扱っているからといって、必ずしも高利益な商売とは限らない」ということです。

要は、以前の項目でも触れた「原価率」の問題ですね。一見、高単価な商売でも、実は原価率も高く、利益はそれほどでもない……というケースもあるので、その点には注意が必要です。

例えば、私がフリーター時代に関わっていたファッション業界などは、その典型的です。高級ブランド店であっても、アパレル全体の平均的な給与と比べて、若干良いか同水準程度ということが意外と多い。これは、在庫を抱えるリスクが高かったり、テナントの賃料が高かったりして、利益率が低いからです。

また逆に、商品単価が低いように見えても、実は高額商品となっているケースもあります。例えば保険商品は、毎月の掛金は少額でも、長年に渡って支払うので、結果として高額になりますよね。このようにリピートすることを前提に、単価×リピート回数で考えると、高額商品になっているということがあるからです。

この単価×リピート回数のことを「顧客生涯価値」といいますが、最近流行りの「サブスク」も、こうした顧客生涯価値を高めるための手法ともいえます。実際、2022年4月には、大手ゲーム会社数社が初任給を大幅に引き上げて話題になりましたが、これもサブスク効果かもしれませんね。

このように、商品単価を見る時には、原価率や顧客生涯価値に注意してチェックすると、本当の高単価企業が見つかるでしょう。

6 未経験から成り上がるなら「あえてブラックな働き方ができる会社」を選べ

大将が弟子に贈った心からの叱咤激励

大将の焼き鳥屋には、これまでもお話した通り、様々なお客様が来ていました。そんな中には、最初はお客さんとして来ていたのが、「弟子入りしたい」とカウンターの中で働くようになり、その後、独立した人も何人もいます。

そういった「弟子」が独立すると、大将は必ず開店のお祝いにと、その人のお店を訪問していました。幼い私も大将に連れられて、そういったお店に何度か行った記憶があります。

ただ、弟子のお店に行くと、大将は必ず、かなり厳しい指導というか指摘をするのです。私としては、そこの新米店主と喧嘩になるんじゃないかと、子供心にはらはらしていたものです。

そんな時、大将がよく口にしていたのは「生温いんだよ！」「努力・根性・義理・人情が足りない！」という言葉でした。そして、こんなこともよくいっていました。

「一国一城の主たるもの、ビールを提供する温度、商品を出すタイミングから始まり、とにかくお店のありとあらゆる、すべてに対して愛情を持つこと！」

「店に来てくれたお客さんにまた来てもらえるように、誠心誠意、それこそ24時間、休みなく働いても良いという覚悟を持つこと！」

当時、傍から聞いていても「さすがに厳しすぎるのではないか」と感じたものでした。

でも、後々分かってきたのですが、これは大将なりの弟子に対する真剣な叱咤激励だったのです。人生には一時、がむしゃらに働いて自分の殻を破る体験が必要だということを、大将は経験的によく知っていたのでしょう。

実際、そうした大将の叱咤激励に謙虚に耳を傾けられなかった新米店主のお店は、1年ぐらい経つと、ことごとく閉店してしまっていました。

人生逆転のために覚悟して挑んだ「ブラックな働き方」

そうした厳しい現実をいくつも目の当たりにしてきた私なので、就職するにあたっては「一人前になるまで、人の3倍働こう」と覚悟を決めました。なにしろ、まったくの未経験から不動産業界に飛び込むわけですから、人並みの働き方で周りに追いつけるはずがありません。

なので、あえてブラックな働き方ができる会社を探したのです。具体的には、以下の3つを会社選びのポイントにしました。

①通勤時間が短い

通勤で往復2時間かかる会社よりも、往復1時間の会社の方が、1時間多く働くことができます。通勤時間は短ければ短いほど良いと思います。

②会社を夜遅く・朝早く「偵察」へ行く

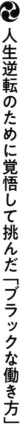

オフィスのビルのセキュリティによっては確認できない場合もありますが、夜遅くまで電気が点いているか、朝早く出勤している人はいるか、自分の目で見に行くのです。早朝出勤や残業が可能であれば、人の3倍働くことができます。

③関連会社や株主の規模を見る

大きい会社の傘下であったり、大資本が入っていると、コンプライアンス対応で残業禁止というケースも多く、長時間働けないので注意が必要です。

我ながらマゾ的な選び方だとは思いますが、こうしたポイントで会社を選んだ結果、私は最初の就職先として地元・吉祥寺の小さな不動産会社を選びました。そして、そこで人の3倍働いた結果、入社約1年で営業トップの成果を残し、支店の1店舗を任されるまでになったのです。

結局、この不動産会社の規模では頑張っても年収1000万円は見込めなかったので、次に大きな財閥系の不動産会社へと転職することにはなるのですが、そうしたステップアップが可能だったのも、この吉祥寺の小さな不動産会社でがむしゃらに働いて、仕事のノウハウを学べたからだと思っています。その点で、私のがむしゃらな働き方を許してくれたこの会社には、今でも感謝しています。

自分がどこまでできるのか、一度は試してみてもいい

今は「ブラック企業」というのが社会問題にもなっていますし、「がむしゃらに働け」というのは時代錯誤と思われるかもしれません。

もちろん、企業の側が労働基準法を無視し、不当に従業員を搾取するような経営を行うのは論外です。その点には私も異論を挟むつもりはありません。

しかし、給料体系に成果主義が含まれている会社の場合は、(会社から強制されるのではなく) 自分から選んでブラックな働き方をする自由はあるのではないでしょうか。

あえてブラックな働き方をすることで、大量の業務を正確に進められる力や、効率

的に仕事を回せる力、仕事において無駄な時間を作らなくなる習慣が身につくというメリットもあります。それは、その後のステップアップにも繋がっていきます。

自分がどこまでできるのか、どこまで腹をくくれているのか、一度は体験・体感してみるのも、悪いことではありません。一生ブラックな働き方をするのは身体が持ちませんが、長い人生で1回くらい、自ら進んでブラックな働き方をしてみてはいかがでしょうか。

7 ステップアップしたいなら「大企業の子会社や孫会社」を狙え

焼き鳥屋で垣間見た企業買収の悲喜こもごも

大将の焼き鳥屋さんの常連さんには様々な方がいらっしゃいましたが、大手企業にお勤めの方も少なくありませんでした。お店を手伝いながら、そのような常連さんのお話に聞き耳を立て、本来なら子どもが知るはずもない「大人の世界の事情」を垣間見てきたことも、今の私を形作る上で大きな影響を与えていると思います。

そのような常連さんのお話から学んだことの1つに、「合併や買収(いわゆるM&A)は必ずしも悪いことばかりではない」というものがあります。

今でこそM&Aはそんなに珍しい話ではありませんが、当時はまだ平成の初頭で「終身雇用で、定年まで1つの会社に勤めあげるのが当たり前」という時代です。ですから、身近で合併や買収が起こり、勤務先の会社が変わるとなると一大事。飲み屋でも格好の話のネタになりました（もちろん守秘義務は守られていたと思いますが……）。

大将の焼き鳥屋さんの常連さんの中にも、買収する側になったり、される側になった方がいらっしゃいましたので、M&Aの際に実際にどんなことが起こるのか、貴重な生の声を聞くことができたのです。

そのような声の中には、もちろん「仕事の仕組みや仕方が変わって、面くらった」「パワハラ上司が来て大変だよ」のような愚痴や文句もたくさんありました。

でも、私が印象に残っていたのは「大手に吸収されたおかげで、福利厚生や待遇が良くなったよ」「大手の看板が使えるようになって、営業が楽になったよ」「ぐちゃぐちゃだった経理が整理されて、仕事が効率的になったよ」といった、M&Aの良い面のお話です。

今になって冷静に考えてみれば、双方にメリットがあってこそM&Aが成立するわけなので、当たり前といえば当たり前の話なのですが、当時の私は子供心に漠然と「会社を買収されるのは大変なこと」というイメージを持っていたので、「買収されて良かった！」と喜ぶ人がいることを意外に感じ、強く印象付けられたのだと思います。

あえて買収されることを狙ったキャリアアップ戦略

こうして培われた「合併や買収にはメリットもある」というイメージは、私がキャリアアップをしていく上で大いに役立ちました。

というのも、いくら給与水準が高めな不動産業界といえど、年収1000万円を目指そうとすれば、ある程度は大手の会社に勤める必要があります。しかし、大手の会社ほど入社条件が厳しいですから、私のような高卒フリーターのキャリアで応募しても、まず採用されないのです。

そこで、どうしても年収1000万円の夢を叶えたかった私が考えたのが、「高卒フリーターでも入れる小さな会社に入社して、その会社が大手に買収されれば、結果的に大手の会社の社員になれるのでは」というアイデアです。

かなり実現する可能性が低いアイデアに思えるかもしれませんが、私のキャリアで一発逆転を果たすためには、わずかな可能性でも、あるだけマシだといえます。もちろん、偶然に任せているだけでは、そんなわずかなチャンスもつかめませんから、「どんな会社なら、大手に買収してもらえる可能性が高いのか」も考えました。

その結果、大手企業の子会社や孫会社、関連会社といったグループ企業であれば、親会社に吸収合併される可能性が高いのではないかと思い、そうした大手系列のグループ企業を目指すことにしたのです。

元高卒フリーターでも旧財閥系の大手企業に潜り込めた！

私の運が良かったのは、当時、業界最大手だった三井不動産販売株式会社（現・三井不動産リアルティ株式会社）が、各地に「○○リハウス株式会社」というリハウス各社を独自フランチャイズシステムにより展開している体制だったということです。

三井不動産販売株式会社といえば、旧財閥系の三井不動産株式会社の子会社という名門で、「三井のリハウス」ブランドで全国的に有名な会社です。とてもではありませんが、正攻法では私のようなキャリアの人間が入社できる会社でありません。

しかし、各地のリハウス各社は子会社であり、しかもフランチャイズシステムにより展開しているという関係ですから、そこまで採用基準が厳しくありませんでした。元高卒フリーターというキャリアの私であっても、吉祥寺の小さな不動産会社で積んだ実績とツテがあれば、何とか潜り込めたのです。

こうして私はリハウス各社の1つである湘南リハウス株式会社に入社し、さらにそこでの実績を持って、やはりリハウス各社の1つである杉並リハウス株式会社へと転職を果たしました。

その後、2009年に首都圏リハウス子会社7社は統合再編され、杉並リハウス株式会社は三井リハウス西東京株式会社となり、さらに2012年には三井不動産販売株式会社が全国のリハウス5社を吸収合併し、商号も三井不動産リアルティ株式会社へと変わりました。

その結果、私は元高卒フリーターとしては夢のような、大手不動産会社の社員として安定して高年収をちょうだいできるようになったのです。

吸収合併されなくてもグループ会社に入るメリットは多い

この話を聞いて「単に運が良かっただけでは？」と思われるかもしれません。確かに、今から皆さんが三井不動産リアルティ株式会社に入社しようと思っても、同じ方法は使えません。そういう意味では私はラッキーでした。

ただ、仮に運良く吸収合併が行われなかったとしても、今でも「大企業の子会社や孫会社に入ってキャリアアップを目指す」という方法は有効だと思っています。

というのも、そうした子会社の役員や要職にいる人は、親会社からの出向などで来ているケースが多いからです。実際、私が湘南リハウス株式会社に入社した時も、親会社である三井不動産販売株式会社出身の方が、教育トレーナーとして付いてくれました。

そのため、彼らから親会社の貴重な情報が得られることも多いですし、そこで実績を上げれば親会社へ転職する際の有利な材料になります。うまくすれば、彼らの目に留まり、上に引っ張り上げてもらえる可能性も少なからずあるのです。

そう考えると、私のようにそれまでのキャリアに恵まれなかった人にとっては、「大企業の子会社や孫会社に入る」という戦略は非常にお薦めです。

ましてや、最近は状況に応じて、子会社を吸収合併したり、逆に一部の部署を分社化したりと、企業グループを再編することが一般的になってきました。以前より、チャンスが増えているわけです。

こうした時代の追い風に乗らない理由はないと、私は思います。

第2章

焼き鳥屋で学んだ「コミュニケーション」6つの教え

ビジネスというのはお客様はもちろん、お取引先や同じ会社の仲間達など、多くの人とのお付き合いの中で、はじめて成立するものです。つまり「どうやって周りの人と接していくか」も年収を上げるためには大切な要素となります。焼き鳥屋は飲食業であると同時に接客業でもありますから、その点でも大将から学べることはたくさんありました。

1 オシャレより「身だしなみ」が好印象の決め手

やきとり大衆は「黄色い大将」がいるお店

具体的にいつからなのかハッキリとした記憶はないのですが、大将は焼き鳥屋では「黄色いTシャツと黄色いバンダナ」をユニフォームにしていました。きっかけはおそらく、大将の誕生日か何かで、私が「黄色いTシャツと黄色いバンダナ」をプレゼントしたからだったと思います。

その前までの大将は、どちらかというと服装には無頓着な方でした。お店に出る時によく着ていたのは、いただきものの微妙なデザインのTシャツや鹿の子生地のポロシャツなど。いわゆる「シャツ襟」が苦手だったので、スタンドカラーやマオカラー、襟が大きく開くポロシャツを好んで着ていました。色もグレーやオリーブといったダーク系で、「ビートたけしさんの地味な1日」のような服装でした。

そんな大将が、私からプレゼントされたからとはいえ、なぜ急に「黄色いTシャツと黄色いバンダナ」をユニフォームにしたのか、お店がヒマな時に聞いてみたことがあります。

実は、お店に常連として来てくれている、今でいう「ヨドバシ裏」にあったスナックのママさんから「黄色がよくお似合いで、食べものが美味しそうに見えますよ」とおだてられたからだそうです（笑）。

それ以来、大将は「黄色いTシャツと黄色いバンダナ」を何着も買い求め、ローテーションさせながらお店で着ていました。おかげで常連さんだけではなく、たまにしか来ないお客様にも、「やきとり大衆といえば、黄色い大将がいるお店」と覚えてもらいやすくなったようです。

商売をする上で、いかに印象づけるか、覚えてもらうかということは大切な要素です。服装にこだわらなかった大将の意識を変えてくれたママさんには感謝しかありません。

オシャレさより「相手にどう思われるか」が大切

こうした「服装（身だしなみ）による印象」の大切さは、別に飲食店に限った話ではないでしょう。どの業界でも重要なことだと思います。

ただ、ここで気を付けたいのが、隙がないオシャレをするのが必ずしもベストではないということです。これは、ファッションにこだわりがある人ほど陥りがちな勘違いなので、注意してください。

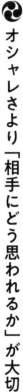

私自身、好きが高じて多少なりともアパレル業界に関わったことがある人間ですので気持ちはよく分かるのですが、ファッション好きな人が自分の好みで選ぶと、どれだけこだわりがあるとしても自己主張になりがちです。

しかしプライベートならそれでもいいでしょうが、ビジネスシーンでは服装というのは自己表現ではなくて、見る方にどう思われるかが大切なのです。つまり自分がどういうふうに見られたら、お客様や仕事仲間から「あ、この人に任せたいな」と思ってもらえるかという視点が必要になります。それによって仕事の成果が変わってくるのです。

大将が「黄色いTシャツと黄色いバンダナ」をお店でのユニフォームにしたのも、スナックのママさんの「食べものが美味しく見えますよ」という一言があったからでした。あくまでビジネスでは自己主張のためではなく「お客様の目線」にたった服装を選ぶようにしましょう。

細かいところまで気を抜かない

もちろん私自身、服装をはじめとした身だしなみには気を遣っています。パッと見てそうは思えないかもしれませんが（笑）、実は、そういう「いかにもこだわっています」とは見えない点も含めて、「相手からどう思われるか」を考え、細かい部分まで気を配っているのです。

参考までに、私が気を付けているポイントをいくつか、ご紹介しましょう。

①ワイシャツは常に白

ワイシャツの色柄といえばスーツ姿の時に手軽に楽しめるオシャレの1つですが、私はスーツの中のワイシャツは常に白と決めています。

なぜなら、お客様にとって不動産会社の営業マンがオシャレかどうかは、どうでもいいことだからです。むしろ、オシャレすぎると親近感を持ってもらえない危険性すらあります。不動産の営業では、お客様のかなりプライベートな生活まで踏み込んだお話をすることもありますから、あえてオシャレすぎない「緩さ」も必要なのです。

もっとも、これが例えばクリエイティブな業界なら、白以外のシャツにしたり、Tシャツや個性的なファッションでもいいと思います。つまり自分が所属している業界や職種で、お客様のところに行ったらどう見えるかということが大切なのです。

②ブランド物は身につけない

不動産の営業マンというと、やたら高級ブランドの時計やアクセサリーを身につけているイメージを持っている方もいらっしゃるかもしれませんが、私は極力そういったものは排しています。

特にパッと見てすぐ分かるようなブランド物、例えばベルトにブランドロゴが入っていたり、見るからに高級ブランドの鞄などというのはちょっといただけないかなと思います。そうしたブランド物や個性的なファッションは「儲かっている」という自己顕示にしかなりません。

繰り返しますが、ビジネスで大切なのは自己主張ではなく「相手からどう思われるか」です。

③いつもきれいな靴下を

不動産の営業では物件に行ったりお客様の家を訪問したりして、靴を脱ぐ機会が多いので、靴下にも気を付けています。穴が空いていたり、毛玉が付いていたり、汚れているなどというのはもってのほかです。私は、靴下は常に20足ぐらいを履きまわし、会社には訪問用の靴と靴下も用意しています。

ちなみに最近、ビジネスシーンでもカジュアルな白い靴下やくるぶしの見える短いソックスを穿いている若い人を見かけますが、スーツに合わせる靴下は、色は黒で、椅子に座った時などに肌が見えない長さのものが基本です。

④仕事道具もきちんと手入れ

職業によって、いろいろな仕事道具があると思います。

例えば不動産業界では「物件の見学用のスリッパ」と「ローンの計算用の電卓」、それに「メジャー（巻き尺）」が三種の神器といわれていますが、意外にこれらの持ち物のメンテナンスをしていない人が多いです。汚れていたり、壊れていたりする道具をお客様の前で出さないよう、こういった道具も定期的にメンテナンスをすることが重要です。

ちなみに私は営業車に、物件を見学する時のお客様用と自分用のスリッパを用意しています。さらに、そのスリッパは、新築用のきれいなスリッパと、リフォーム前や内装工事中でも履ける、汚れてもかまわないスリッパの2種類を持ち歩いています。

⑤鞄の中も整理整頓

先ほど触れた仕事道具を出す時に鞄を開けたら、鞄の中がぐちゃぐちゃだった、というのもいただけません。

見た目がシュッとしていても、鞄の中が整頓されていなかったら、元も子もありません。いつお客様に見られてもいいように、鞄の中も常に整理整頓を心がけています。

⑥自分自身も清潔に

身につけるものだけでなく、自分自身にも気を付けるべき部分があります。

まず、白い歯は基本中の基本です。私はこまめにクリーニングするようにしています。また、人と会う前には、必ずマウスウォッシュもしています。

当然ですが、眉毛が不自然ではないか、あごにひげが１本だけ伸びていないか、鼻毛や耳毛が伸びていないか、といったディティールにも気を付けています。

いかがでしたでしょうか。意外と細かいところまで気を付けていることが伝われば幸いです。

　パッと見はオシャレな若い人でも、こうした細かい部分は意外とダメな人が最近多いように感じています。ビシッと良いスーツを着て、靴もきれいに磨いているのに、爪が伸びているとか、ベルトがボロボロだったり、ハンカチがしわくちゃだったりと、けっこう小物や細かい部分に抜けが多いようです。

　しかし、お客様は意外と細かいところを見ていたりします。そうした部分をおろそかにしないように、くれぐれも気を付けましょう。

2 うまく行かない時こそ「笑顔」を忘れない

お客様の笑顔が大好きだった大将

接客業はもちろんのこと、人間関係において「笑顔」というのは基本中の基本だと考えている人は多いのではないでしょうか。

その点、大将の焼き鳥屋は、いつも笑顔が絶えないお店でした。

まず、大将自身が常に笑顔です。お客様商売ですから店主が笑顔でいるのは当たり前だと思うかもしれませんが、息子の私から見ても、あれは営業用の作り笑いではなく、心の底から楽しんでいる笑顔だったと思います。そんな大将の笑顔につられて、常連さんもいつも笑顔になっていました。

では、なぜ大将はそんな笑顔ができたのか？

それは「お客様を楽しませることが大好きだったから」です。

例えば、お客様が入店した時に大将がでんでん太鼓と鐘を鳴らしていたのも、そうしたサービス精神の表れでした。実際、あの音で出迎えられて笑顔にならない常連さんを見たことがありません。なにしろ、お店が忙しくて来店時に大将が太鼓を鳴らせなかったりすると、太鼓を鳴らしてもらうために少し間を置いて、一度店の外に出てから入店し直すお客さんがいるほどでした。そんな常連さんを見て、いっそう楽しそうに笑顔ででんでん太鼓と鐘を鳴らす大将の姿が、今でも目に焼き付いています。

また、そうした大将のサービス精神はお店の外でも発揮されていました。閉店後に常連さんと近鉄裏へ行った時などは大将はカラオケの十八番、チェッカーズの「ギザギザハートの子守唄」を歌うのですが、微塵も恥ずかしがらずにサビの部分で「ギザギザギザギザギザギザギザギザギザ……♪」と、もの凄い笑顔でギザギザを連呼するのです。「格好を付けるより面白いことをして人を楽しませたい！」という気持ちがとても強い人でした。

大将としては「接客業だから」と計算して笑顔でいたわけではなく、単純に本当に楽しかったから自然と笑顔になっていただけだと思いますが、それが結果として人を引きつけ、熱心な常連さんを増やしていったのでしょう。

笑顔がなくなると仕事もうまく行かなくなる

私がそんな笑顔の効能を思い出したのは、丁度部下を持った時期あたりのこと。人生ではじめてできた部下とうまく行かず、チームの業績をなかなか上げることができなかった私は焦りを感じ、笑顔を忘れていました。そして、部下が何か失敗をした時など、ただ闇雲に怒りの感情をぶつけてしまっていたのです。当然、怒られた部下は萎縮してしまって、ますます職場の雰囲気が悪くなり、仕事がうまく行かなくなってしまっていました。そんな頃に、ふと仕事帰りに大将のお店へ寄ったのです。

当時、大将は既に齢70歳を控え、体力的な衰えが目立ち始めていましたが、だからこそさらに人生を楽しもうという気持ちが強くなっており、昔よりも仕事を趣味のように楽しんでいました。そんな大将の姿を見て、私も久々に笑顔を取り戻せたのです。

そして、気付きました。

仕事をしていれば、当然、不機嫌になったり怒りを覚えるような場面になることはあります。しかし、そんな気持ちで引きつった表情になり固い雰囲気を醸し出してしまえば、普通ならうまく行くはずの仕事さえも失敗してしまう。むしろ、そういう時こそグッと堪えて、笑顔になるように心がければ、事態は好転するのではないか？

そう考えた私は、さっそく実践してみました。

例えばお客様に失礼な接客をした部下に対しても、穏やかな笑顔で「こうした方がお客様にとっていいから結果に繋がるし、結果に繋がったら君の成果になる。そうすれば君も楽しくなって、君が嬉しくなれば私も嬉しい。だから、こういうやり方でやってみない？」といった具合にアドバイスするようにしたのです。

すると、これまでの失敗続きが嘘のように、彼は素直に私のアドバイスを受け入れ、成績も上向き始めました。笑顔の効能、恐るべし、です。

大切な人の視線を思い出せば怒りは静まる

もちろん、これは口でいうほど簡単なことではありません。人間ですから、どうしたって怒りを感じることはあります。それをなくすことはできません。

でも、そんな時は一呼吸置いて、こう考えてみればいいのです。

「ここで怒鳴っている自分の姿を我が子が見たら『お父さん、格好いい』と思えるだろうか？」

そうやって自分を客観的に俯瞰すると冷静になって、前向きに対応することができます。

私の場合は子どものことを考えますが、自分に子どもがいなければ、好きな人、配偶者、子ども、親、友人でも良いと思います。

私自身、これが自然とできるようになるまでにはだいぶ時間がかかりましたが、慣れてしまえば一瞬で自分を俯瞰し、気持ちを切り替えられるようになります。どんな時でも笑顔になれるよう、ぜひ皆さんも試してみてください。

まずは「大笑いする習慣」を身につけよう

また、加えてアドバイスすると、特に男性は普段から「笑顔を作る」という意識が低く、女性に比べて無表情な人が多いです。そのため、本人はなんとも思っていないのに、傍から見ると「機嫌が悪いのかな？」と思われてしまうこともよくあります。もし思い当たる節がある方は、まずは笑顔になる習慣を身につけることから始めるといいでしょう。

習慣を身につけるといっても、別に難しいことではありません。何でもいいので、自分がいつでも大笑いできるものを作ればいいのです。例えばＳＮＳの面白動画のようにゲラゲラ笑うようなコンテンツでもいいですし、子どもやペットなど、つい見ると顔がほころんでしまうような写真でも構いません。聴くと自然と笑顔になって踊り出すような音楽でもいいでしょう。「絶対に笑う」「これを見たら笑う」「楽しい」というものを自分で用意しておくのです。

そして、そうしたものが用意できたら、それを習慣的に見たり聞いたりします。１

日1回、時間を決めてもいいですし、嫌なことがあった時に見る、でも構いません。

パブロフの犬ではないですが、それを見ると条件反射的に笑顔になれるようになるまで繰り返しましょう。すると、常日頃の表情も自然と穏やかなものになっていくはずです。

あなたは最近、心から大笑いした記憶があるでしょうか？

もしなければ、ぜひ自分が笑顔になれるものを探してみてください。

3 すべては「相手を知る」ことから始まる

あえて名物のでんでん太鼓を鳴らさない大将の気遣い

　序章でもお伝えしたように大将の焼き鳥屋にはユニークなルールがたくさんありましたが、中でも、もっとも有名だったのは来店時と退店時の「でんでん太鼓と鐘の音」ではないでしょうか。閉店して10年以上経過した今でも、古くからハーモニカ横丁で飲んでいた方からは「あの太鼓の店でしょ！」とすぐに答えが返ってくるほど、皆さんの脳裏に焼き付いています。

　私が小学生だった頃、どこからともなくその噂を聞きつけ、「週刊ポスト」や「週刊現代」、業界誌などが取材に来たこともあります。大将が誇らしげに、その記事の切り抜きを見せてくれたことは忘れられません。

そんな名物の儀式なのに、大将は、たまに太鼓や鐘を鳴らさない時がありました。忙しいから鳴らせないのではありません。

例えば常連さんがいつもとは違った感じで入店した時や、明らかに落ち込んでいる時には、あえて、でんでん太鼓や鐘を鳴らさないのです。その反対に、普段は落ち着いている人が、いつもよりテンションが高く入ってきた時は、太鼓や鐘を激しく鳴らしたり、何度も鳴らすこともありました。

お調子者なイメージが強い大将ですが、その一方でお客様の様子は実によく観察していたのです。いつも何本も焼き鳥を食べる人が今日はあまり食べていないと気付いて、「何か食べてきたの？　体調が悪いようなら、今日は早く帰っておいたら？」と気遣うこともよくありました。

大将なりに、お客様のテンションや雰囲気、好みを感じて、オーダーメイドの心地良い接客をしたいという気持ちが強かったのでしょう。

大将が欠かさなかった「相手を知るためのさりげない努力」

そのような接客をするために、大将はお客様についてよく知ろうと日頃から努力していました。

例えば、新しいお客様が通い始めると、趣味や好きなこと、出身地、家族構成など、いろいろと聞いていました。単に雑談をしているようでいて、「最低でも、この質問とこの質問はしておこう」と決めておいて、それを糸口として話を展開させていたようです。お客様側も、そうやってヒアリングされることで「常連として認められた！」と嬉しく感じていたように思います。

また、大将が注文されていないおつまみや焼き鳥を勝手にお客様に出すことがあった、という話を序章でしましたが、これも「お客様の好みを知るため」という意図があってのことでした。つまり、こちらからどんどん提案して、「嫌だ」といわれたものに関しては今後出さない。逆に、受け入れてもらった好みについては、しっかりと覚えて提供をしていく。そうやって、そのお客様の好みを知っていったのです。

お客様が欲しいものを素直に話してくれるとは限らない

そういった大将の接客を小学生の頃から見ていましたので、私が不動産仲介の仕事をする上でも、それが当たり前のことだと思ってやってきました。

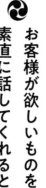

不動産仲介の営業マンというのは「購入したいお客様のために物件を探したり、売却したいお客様のために買い手を探したりする」という仕事ですが、その際に「お客様から伝えられた条件さえ満たしていれば良いか」というと、実はそれだけだとうまく行きません。

なぜなら、不動産の購入や売却は、お客様にとっては一生に数回の数少ない機会だからです。そのため、なかなかご自分のニーズを的確に不動産会社に伝えられる方はいらっしゃいません。その結果、条件的にはお客様の注文通りなのに「何か違う」ということが起こりえるのです。

そこで、お客様に満足していただくためには、伝えられた条件だけでなく、そこには表れていない「隠れたニーズ」をいかに見抜くかが重要になります。「いわれたまま」ではダメなのです。

そのためには、やはりお客様のことをよく知る必要があります。

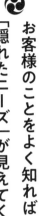

お客様のことをよく知れば「隠れたニーズ」が見えてくる

では、どうすればいいか?

例えば私の場合、購入ご希望のお客様がいらっしゃれば、必ずその方の現在のお住まいを拝見しにうかがいます。もちろん中にはご自宅を訪問されることを嫌がるお客様もいらっしゃいますが、その場合でも住所が分かれば内緒でこっそり外観だけでも見に行きます。なぜかというと、お客様が今住んでいる家には、そのお客様の隠れたニーズが詰まっているからです。

お客様がお話くださる条件というのは今の物件で問題に感じていて、次に買う物件では改善したいと持っているところが中心となりがちです。逆に、今の物件で気に入っているところというのは、あまり口にしません。

しかし人間は、今あるもので、いいなと思っているものに関しては、絶対に譲らないものです。

例えば、日当たりがいいところに住んでいる人に、日当たりが悪い物件を薦めても、成約に結びつきません。日当たりのいいところに住んでいる人は、昼間にあまり家にいない生活をしていても、次に住むところでも日当たりを気にします。

それとは反対に、周りがビルに囲まれていて日当たりが悪いところに住んでいる人で、そのお客様が物件探しで「日当たりの良さ」を条件にしていないのであれば、日当たりが悪い物件を提案しても全然気にならない人だと分かります。

実際、私の方でお客様が今住んでいる家を見た場合と、そうでない場合とでは、気に入ってもらえる物件を見つけられるまでのスピードが違います。お客様の側としては、なぜ条件に挙げていないところまで自分が希望している物件を私が分かるのか不思議なようで、「まるで手品師のようだ」といわれることも多いです。

ドリルを買いにきた人が本当に欲しいものは？

もちろん、ここで紹介したのは不動産仲介の場合のテクニックですが、お伝えしたいのは「相手が希望することをいわれずとも察知する」ということ、そしてそのためにまず「相手のことを知る」ということの大切さです。これは、不動産業界だけの話ではなく、どの仕事にも通じる普遍的な話だと思います。

マーケティングの世界で昔から使われている格言に「ドリルを買いにきた人が欲しいのは、ドリルではなく『穴』である」というものがあります。ホームセンターにドリルを買いに来たお客様は、本当はドリルが欲しいわけではなく、そのドリルで作るものだったり、作ったことによって達成される便利さや快適さが欲しくてドリルを買いにきている、という意味です。

そうした「お客様が本当に欲しいもの」を正確に把握しなければ、適切な商品は提案できません。だから、商品を売る前に、まずは相手をよく知ることが大切なのです。

まずは共通の話題を探すことから始めよう

では、どうすれば相手のことを知ることができるのでしょうか？

特に最近は、個人情報保護に対する意識が高まってきていますから、お客様も最初のうちは最低限必要なこと以外はあまり話してくださらないことも多くあります。実際、私が勤めていた不動産仲介会社は誰もが知る財閥系不動産会社ナンバー１企業でしたから、会社に対する信頼性はそれなりに高かったと思いますが、それでも多くのお客様は最初は警戒心が非常に高い状態から入り、なかなか自分の情報をさらけ出してくれませんでした。

そんな「警戒の壁」を突破するために私がよく使っているのが、仕事に直接関係ないことでいいので、相手と共通の話題を見つけてきっかけにするという方法です。話題は何でも構いません。他愛のないことで大丈夫です。

例えば、初回の面談時に雑談で「コンビニスイーツが好き」という会話があったとします。そうしたら、次回その人と会う時に「そういえば、コンビニスイーツが好きっていっていましたよね。この間、コンビニでこんな新しいスイーツを見かけましたよ」などと話を向けるのです。

そうすると相手は「自分の話した何気ない話題を覚えていてくれた」「たくさんいるお客さんの1人ではなく、自分という個人を認識してくれている」と感じます。これで悪い気になる人はいません。たいていの場合、嬉しく思うものです。

そして、「この人になら自分のことをもっと教えても大丈夫」「何か相談すれば、きちんと応えてくれそうだ」と、徐々に心を開いて、いろいろと話してくれるようになるのです。

そういう意味では、最初は「ビジネスの取り引き相手」というより個人的な関係として「この人はどんな人なんだろう？」と相手に興味を持つのが大切だと思います。ビジネスといえど、結局は人と人との関係の上に成り立つものなのですから。

なかなかすべてのお客様に対してそういう意識を持つことは難しいかもしれませんが、だからこそライバルと差を付けるポイントになるのではないかと、私は思います。

4 「人がやりたがらないこと」の中にこそチャンスがある

大将の焼き鳥屋は、常連さんに大掃除をさせる！

「やきとり大衆」の年末大掃除は常連さん、中でも若い方や新入りの方が駆り出されるというお話を序章でしました。

「本当にお客さんに掃除をさせるの？」と思っていらっしゃる方も少なくないと思います。ここで再度ハッキリとお伝えしますが、確かに常連さんに大掃除をしていただいていました。しかも「丸1日かけて徹底的に」です。

特に換気扇などは油のこびり付きが半端ではなく、洗剤も今ほど良くない時代でしたので、かなりハードな仕事でした。小学生の時に参加した私は、あまりにも辛すぎて根を上げてしまったほどです。

しかも、それほどハードな仕事をさせるのに、アルバイト代を出すわけではありません。まったくのタダ働きというわけではありませんが、お酒・焼き鳥の現物支給で済ませていました。今考えると、本当に酷い話です（笑）。

常連さんが大掃除を手伝ってくれた本当の理由

しかし、そんな酷い話なのに、なぜ常連さんは辛い大掃除を手伝ってくれたのでしょうか？

もちろん、そこには理由があります。それは、「大掃除に参加することで、常連さん同士の交流の輪に入れる」ということです。

大将の焼き鳥屋は、常連さんを大切にするお店。常連さん同士の交流も盛んで、そこが魅力の１つでした。新しく常連さんになった人が、そうした常連さん同士の交流の輪の中に入るために、「みんなで一緒に大掃除をする」というのはいいきっかけになっていたのです。実際、お互い名前くらいしか知らなかった常連さん同士が、一緒に大掃除をしたことで自然と親しくなって、お店で一緒に飲むようになったという例を何回も見ました。

また、大掃除に参加すると、皆さん必然的にお店の備品の場所を把握することになります。そうすると普段お店に来た時にも、大将が忙しい時など代わりに必要な備品を出したりできるようになるわけです。そうやって他の常連さんの役に立つことで、仲間として認められ、交流の輪の中に入れるという効果もあったようです。

もちろん、大掃除以外にもお店主催のイベントなど、常連さん同士の交流の輪の中に入るきっかけは他にもたくさんありました。しかし、参加費が必要な旅行などのイベントよりもお金を使わないという点で、特に若いお客様には、大掃除は参加しやすい行事だったのだと思います。

新人の頃に掃除をして分かった意外な効能

この大掃除の思い出が役に立ったのが、私自身が社会に出て、転職した時です。

一刻も早く、新しい職場に馴染み、先輩達に仲間と認めてもらいたい。そう考えた時に思い出したのが、この大掃除の記憶でした。そして実際に、朝早く出勤して自主的にオフィスの掃除をしてみたのです。

これは効果覿面でした。

単純に「掃除してくれてありがとう」と感謝されるだけではありません。オフィスを掃除していると、会社の備品の場所や、誰のデスクの上にどんな資料が置いてあるかを、自然と把握できるのです。

すると、例えばお客様から電話が来た上司や同僚が、資料を探している様子があれば、「その案件の資料は、あそこに置いてありましたよ」と資料を取って渡すことができるようになります。あるいは、「この備品はどこにあるか知っている？」と聞かれても、「そこの上の棚の右から2番目の横にありますよ」といった具合に答えられます。

こうして私は、入社してすぐに「聞けば何でも分かる便利なやつ」というポジションを確立し、無事、仲間として受け入れてもらえたのでした。

自分で仕事を見つけるための大切な視点

このように、掃除というのは様々な効能があります。

きれいな環境で仕事をするのは気持ちが良いですし、整理整頓が行き届いていると、大切な書類をなくして「どこだっけ？」と探し回るようなこともなくなります。その上、会社の皆から感謝され頼りにされるようになれるなら、一石二鳥どころか三鳥、四鳥ではないでしょうか。よく「年収が高い人は掃除や整理整頓を欠かさない」といわれますが、それもうなずける話です。

なので私は、会社で出世して部下を持つようになってからも、なるべく自分で掃除するようにしていました。その時には部下にも声をかけて、一緒に掃除することもよくありました（もちろん強制はしませんでしたが）。今なら、大将が常連さんに大掃除をさせていた気持ちが少し分かる気がします。

もっとも、何も掃除ではなくてもいいのです。何かしら「上司や先輩がやりたがらないこと、困っていること、苦手なこと」はないでしょうか？

もし何かあれば、それをあなたが代わりにやってあげることで、相手との関係をグッと深めることができます。もちろん、まずは自分に与えられた仕事をしっかりこなすのが大前提ですが、新人の頃は時間に余裕があるでしょうから、与えられた仕事をこなすだけでなく、自主的に仕事を見つけることが、評価されるかどうかのポイントになります。

そもそも「人のやりたがらないこと、困っていること、苦手なこと」を代わりにやってあげることで感謝され、報酬を得られるというのは、ビジネスの基本の1つともいえます。そうした視点から自分で仕事を探す能力というのは、将来的に社内でも社外でもあらゆる場面で役立ちますから、ぜひ積極的に取り組んでみてください。

5 人間関係を好転させる「ありがとう」の魔力

張り詰めた心を溶かしてくれた母親からの「ありがとう」

これは大将ではなく、大将を陰で支えた母親から学んだ話です。

私は20代前半のフリーター時代にサーフィンにはまって、鎌倉に住んでいたことがありました。……と書くと、なにやら優雅にも聞こえますが、実際には安定した収入もなく、親にも内緒で多額の借金を抱えて、精神的に追い詰められていた生活を送っていた、というのが現実です。

そんな鎌倉の部屋に、大将が来ることはありませんでした。ちゃらんぽらんで家を飛び出した息子に、優しく手を差し伸べるほど甘い父親ではありません（とはいえ内心では大将も心配してくれていたことを後に知りましたが……)。

私を助けてくれたのは、母でした。長谷寺に程近いアパートへ、心配して様子を見に来てくれたのです。

息子のどうしようもない生活ぶりを目の当たりにした母は、最初こそ「だらしない」「しっかりしなさい」と檄を飛ばしていましたが、想像以上に弱っている息子を見て、こういってくれました。

「本当は、元気でいてくれるだけでも幸せよ。ありがとう」

「身体だけは気を付けるのよ。あなたがいるからこちらも頑張れるから、ありがとう」

――その言葉を聞いた瞬間、それまで自分を守るために張っていた見栄や虚勢が、私の中からすっと消えていくのを感じました。

こんなに不甲斐ないドン底の自分にも、価値を認めて「ありがとう」といってくれる人がいる。そのことが、張り詰めていた私の心を溶かしてくれたのでしょう。

そして、借金のことなど、隠していた悩みを素直に打ち明けることができたのです。

母は、そんな私の話を黙って聞いてくれ、帰り際には「いろいろと正直に話してくれてありがとう」という言葉を残して、大将の待つ家へ帰っていきました。

その夜、私は涙を止めることができませんでした。

怒鳴るより「ありがとう」の一言が部下を動かした

思えば、この母からの「ありがとう」という言葉があったから、私は立ち直れたのかもしれません。このことがあってから程なく、私は実家に戻り、自分の人生にもっと真剣に向き合うようになりました。

そして、数年後、今度は不動産会社の社員として働いていた時に、再び「ありがとう」という言葉の効果を実感することになります。

それは、私が地元の小さな不動産屋から、三井系列のリハウス会社へ滑り込んだ頃のことでした。会社員としてそれまでの最高年収を更新した翌年、管理職として部下を持つようになって、年収が400万円程度下がったのです。

理由は明らかで、管理職はチーム全体の成績で評価されるからでした。いくら個人の営業成績が良くても、それだけではダメなのです。自分が頑張るだけではどうしようもない事象に、大変焦ったことを覚えています。

正直なところ、部下に対して「きちんとアドバイスしているのに、なんで素直にいうことを聞かないんだろう？　やれば数字も出るのに！」と怒りを感じてしまいました。しかし、だからといって部下を怒鳴っても、何も解決しません。

そんな時に思い出したのが、母の「ありがとう」という言葉だったのです。

あの時、客観的に見ればどうしようもない状態だったのに、虚勢を張って素直になれなかった自分の心のバリアを解いてくれたのは、母の「ありがとう」という言葉でした。ならば、自分の部下だって同じではないか？

そう気付いてから、一緒に働く仲間へ、少しずつですが意識的に「ありがとう」という言葉を増やしていったのです。

すると、どうでしょう。職場においての人間関係が、急速に改善されていきました。チームの仲間も、報告・連絡・相談を積極的にしてきてくれるようになり、それと共にチームの成績も自然と上がっていったのです。

この一連の経験を通して、改めて「ありがとう」の言葉が持つパワーを痛感しました。

まずは身近なところから「ありがとう」を増やしていこう

仕事をしていると、お客様へは「ありがとうございます」と伝える機会が多いでしょう。しかし、それ以外の相手にはどうでしょうか。例えば、同僚・部下・家族など……あなたは1日何回「ありがとう」といってますか？

大人になると、「できて当たり前」「やって当たり前」と感じるレベルが高くなるので、感謝することも、されることも少なくなりがちです。それに、わざわざ「ありがとう」と伝えることには、何だか照れくささも感じますよね。

でも、だからこそ対人関係において、「ありがとう」という言葉が効くのです。感謝の気持ちを込めて、目を見て大きな声で、しっかりと「ありがとう！」とお辞儀をされる。そんな機会は滅多にないからこそ、いわれた相手は心を動かされるのです。

あなたも毎日できるだけ、「ありがとう」と口に出していってみてはいかがでしょうか。恥ずかしかったり、「急にどうしたの？」なんていわれたら嫌だという人は、まずはＬＩＮＥやメールなどの文章から始めてもいいと思います。

私の場合も、最初は「ありがとう」ということ自体が照れくさかったので、まずは通勤で乗車するバスに乗る時や降りる時に「ありがとうございました」と運転手さんに伝えたり、飲食店でのオーダー・提供・お会計などの際に都度都度「ありがとうございます」と伝えることから始めました。

それに慣れてくると、「一期一会」ではないですが、日々の生活の中でちょっとでも自分と接点のできた方々へも、偶然の出会いへの感謝と認識して、着実に「ありがとう」を伝えられるようになったのです。

あなたも、１歩ずつ「ありがとう」の言葉を増やしていきましょう。

6 「助け合いの精神」が紹介を生む

お店主催のイベントはいつも常連さん任せ

大将の焼き鳥屋では、これまでにもお話してきた通り「麻雀大会」「競馬」「旅行」など常連さんを対象にした様々なイベントが催されていました。

ここでユニークというか、いかにも大将らしいのが、そうしたイベントもお店の主催といいつつ、常連さんにほとんど助けてもらっていたことです。

例えば「旅行積み立ては、銀行員の○○さんに」「旅行の段どりは鉄道会社の○○さん」「麻雀大会は計算が得意な○○さんが最終的な集計をする」などといった具合です。

うまいことに大将のお店には大企業のサラリーマン、銀行員、教員、個人経営者、夜のお仕事の方、ホテルマンなどなど、老若男女、幅広い常連さんがいましたから、それぞれの得意分野を活かして役割分担をしてもらっていたようです。

焼き鳥屋というより「異業種交流会」だった

そんなわけで常連さん同士も、誰が何の仕事をしているかをだいたい把握していましたから、お店では普段から大将や、気心の知れた常連さん同士の「お仕事の紹介」や「人脈の紹介」が行われていました。

「今度の休みは旅行で○○へ行こうと思っている」なんて人がいれば当時の国鉄（今のＪＲ）に勤めていた方を紹介したり、「車を買い替えようと思っている」という人には自動車の整備・販売店を紹介をするといった具合です。「歯がいたくてさぁ〜」なんて時は、もちろん歯医者さんをご紹介。

お店でイベントを催す時には、先ほど説明したように常連さんに手伝ってもらっていたのですが、その代わり常連さんのお仕事先を積極的に利用し、業績に貢献できるよう、イベントのスケジュールや企画を組んだりしていました。それにより相乗効果で、どんどん紹介の輪が広がっていたように思います。

今から思えば「やきとり大衆」は焼き鳥屋でありながら、今でいう異業種交流会の役割も果たしていたのです。だからこそ、多くの常連さんに愛されていたのでしょう。

紹介のお客様はありがたい存在

私はこのような「紹介によって仕事が広がっていく様子」を見て育ったので、自分が不動産の営業マンとして働くようになってからも、紹介を大事にしています。つまり、ご契約いただいたお客様に、ご親族やご友人などを紹介していただくのです。そのためにも、一度ご契約いただいたお客様とは、その後も良好な関係を築いておくことを心がけています。

そもそも実は不動産業界のような高額な価格になる取り引きであればあるほど、紹介をいただく比率は高くなる傾向があります。なぜなら、高額な取り引きであるほど、お客様は「素性の分からない営業マン」ではなく、「知り合いに紹介してもらった、信頼できる営業マン」と取り引きしたいと思うからです。特に富裕層のお客様はこうした紹介のネットワークが広範囲に及ぶケースが多く、一度信頼を得られると数珠つなぎのように次々とご紹介の輪が広がっていきます。

そのため、ほとんどの大手不動産会社では営業マンごとに「成約顧客の何人に１人が別の人を紹介してくれるか」リピーター率や紹介率というデータを取っています。そして、この割合が一定以上の社員は、比較的、昇進や昇給が早いようです。なので、ここを狙った戦略を取っている、しっかり者の営業マンも少なくありません。

もっとも、こうした紹介の重要性というのは、不動産業に限らないでしょう。売るか売らないか、買うか買わないか、分からない一見のお客様と異なり、紹介のお客様は確実性の高いお客様です。しかも、余程のことがなければ、自分以外と契約されることはありません。どんなビジネスであっても、紹介のお客様は非常にありがたい存在といえます。

「お互い様」の精神で紹介し合う

では、どうやったら紹介していただける人脈が作れるのでしょうか？

たくさんのお客様を紹介してくださるキーマンとなる方を狙い撃ちしたいと思うかもしれませんが、現実的な話をすると、なかなかそううまくは行きません。

なぜなら、そうしたキーマンは、どんなお客さんに対しても平等に丁寧に接している中で現れてくるものだからです。逆にいえば、誰にでも分け隔てなく丁寧に仕事をしていると、必ずそれを見ていて評価してくれる人が現れます。ですから、まずは日々の仕事を大切にすることが肝心です。

その上で、少しでも紹介の数を増やしたいなら、大将のお店で行われていたように「お互い様」の精神で紹介し合うのがいいでしょう。

例えば、あなたが車を購入したとします。普通は車を買ってしまえば、そこで話が終わってしまうことが多いのではないでしょうか。

しかし私なら1歩踏み込んで、ディーラーの営業マンにこういいます。

「〇〇さん、私は不動産会社に勤めているので、もし車を買うお客様から『良い不動産会社を知らない？』みたいな話が出たら、ぜひ私を紹介してください。誠心誠意サービスしますので。その代わり、うちでお取り引きいただいたお客様で、車の購入や買い替えなんかを検討している方を紹介しますよ」

実際に私は、こうやってお互いにお客様を紹介し合って成約へ至ったケースがたくさんあります。

生活のあらゆる場面に紹介のチャンスは転がっている

そういう意味では、趣味で知り合った仲間、行きつけの飲み屋さんで知り合った方など、生活のありとあらゆる場面に紹介のチャンスは転がっています。

企業などの組織に属していると、どうしてもプライベートでも社内の人としか遊ばない人がいます。しかし、次々と仕事に結びつくようなキーマンとなる人は、組織外に存在するもの。自分の世界を広げ、組織内での評価を上げるためには、自分の組織以外の人との交友が重要です。

そうした交友を広げるために、私がやっていることをいくつかご紹介しましょう。

①行きつけの飲食店を作る

コロナ禍で、飲みに行く・長時間滞在する・大きな声で会話するなど、しづらい世の中になりましたが、それまでは非常に有効な方法でした。お店選びに迷ったら、まずは尊敬する先輩などに行きつけのお店を紹介してもらうと良いでしょう。

②趣味の仲間と交流する

「好きなこと」が同じ仲間というのは、年齢や性別や社会的立場を超えて仲良くなれます。特に「お金がかかる趣味」なら、富裕層と出会える可能性も高いです。

③著名な方の講演等に行く

だいたい講演の後に「交流会」やそれに類する会があります。そこで出会った方と細くても良いので、継続的にお付き合いするのもお薦めです。

④過去の知り合いに連絡する

昔を振り返ってみると、「今考えれば、繋がっておけば良かった！」という人が、少なくとも１人か２人は見つかります。人の記憶は曖昧なので、卒業アルバムを眺めてみて、気になった人をＳＮＳで探してみるといいかもしれません。

⑤居住地域の交流会に入る

ご自分がお住まいの地域ではどのような会があるか調べてみましょう。きっと様々な会が見つかるはずです。迷ったら、市区町村の広報誌やウェブ、都道府県や社会福祉団体などに関連する、公共性の高い地域活動が良いと思います。

⑥ＳＮＳによる発信をする

最近はＳＮＳがきっかけで、自分が何をやっているか知ってもらえたり、興味を持ってもらえることも多くなりました。また、知り合いと「緩く繋がる」ためにもＳＮＳは有効です。

もちろん、職種や業界によって取り組みやすいものもあれば、取り組みにくいものもあるでしょう。どれか１つでも参考になれば幸いです。

第3章

焼き鳥屋で学んだ「自己研鑽」6つの教え

大将はいい加減な性格のようでいて、時に驚くほど仕事に真摯な姿勢を見せることがありました。一国一城の主として「自分次第でお店は良くも悪くもなる」という覚悟を持っていたのだと思います。サラリーマンであっても、それは同じこと。常に自分を磨き、成長し続ける覚悟がなければ、成功は望めません。

1 「独自ノウハウ」を蓄積せよ

未だに同じ味には出会えない大将の「独特レバさし」

飲食店といえば独自メニューで差別化するというのは王道だと思いますが、大将の焼き鳥屋にも独特な味付けやネーミングのメニューがいくつもありました。代表的なものを挙げると、こんな感じです。

・独特がさえる「レバさし」……………４００円
・いつも青春「玉さし」……………４００円
・今日も新味「煮込みどうふ」……………３５０円
・美味しい栄養満点「もつやき一皿」……………５００円
・（くじら）ベーコン……………時価
・梅割り……………４００円

例えば、大将も常連さんも愛してやまなかった「独特レバさし」。レバさし自体はどこにでもあるメニューだと思いますが、大将のレバさしはタレが独特でした。材料はごま油・しょう油・味の素・お酢というシンプルなものなのですが、「混ぜる順番と量」に秘密があるのです。実際、異なる順番で混ぜただけでも、まったく別の味といってても過言ではないほどに味が変わってしまいます。私は、未だに他のお店で同じ味のタレに出会ったことがありません。

大将の焼き鳥屋はことさらに珍しいメニューを売りにするようなお店ではありませんでしたが、それでもこの「独特レバさし」のように、実は１つ１つのレシピに大将こだわりの独自ノウハウが盛り込まれていました。だからこそ、その味を気に入ったお客様が常連さんになっていったという側面もあったと思います。

そういうところは大将は研究熱心でしたし、子どもだった私にも、よくそうしたノウハウを話してくれました。

玉岡の独自ノウハウ、教えます

そんな大将の話を聞いて育ったので、私も自分の武器になるような「独自ノウハウ」を蓄積していくことをとても意識しています。

不動産業の独自ノウハウといってもピンとこないかもしれませんので、1つ例をご紹介しましょう。これは、はじめて訪れた街でも大まかな状況を一瞬で把握できるノウハウです。

皆さん、不動産仲介業で働く人は「その街に詳しい」というイメージがあるのではないでしょうか?

確かに、地元密着型の不動産屋さんに長年勤務している営業マンならその通りです。しかし、すべての不動産営業マンがそうとは限りません。特に全国展開している大手企業では転勤が多く、数年に1回は新しい街に異動します。つまり、ほとんど知らない街で不動産の仲介をしている営業マンは、実はけっこういるのです(もちろん、彼らはそんな事情はおくびにも出さず、いかにも「プロです」というような涼しげな表情で営業していますが……笑）。

そういう場合は異動早々、できるだけ早く街を知らなければならないわけですが、何のあてもなく闇雲に街を歩き回っていたのでは、時間がいくらあっても足りないでしょう。そこで私の独自ノウハウの登場です。

日本ではほとんどの街が（少なくとも住宅地があるような街は）駅を中心に形成されています。そのため、線路によってその街は大きく2つに分けられます。例えば私が長く勤務しているＪＲ中央線沿線ならば、どの街もまさに線路で南北に大きく分かれているわけです。

そこからさらに、線路で南北に分かれているその南側エリアと北側エリアをそれぞれ東西2つのエリアに分割します。つまり、北東・南東・南西・北西と合計4つのエリアに分けて街を俯瞰するわけです。

すると、その中に1つ「お金持ちが住んでいるエリア」が必ずあります。一般的には、南側の東西どちらかのエリアであることが多いです。なぜなら、駅の南側であれば駅周辺の背の高い建物に遮られず、「日当たり」「眺望」「街並み」という条件が揃うからです。お金持ちの方は、こうした条件にお金を払います。

なので、新任の不動産営業マンがまず覚えるべきは一番ニーズが高いそのエリアなのです。逆に「多少条件が悪くても安い物件を探している」という場合は、その逆のエリアを探してみると掘り出しものが見つかったりします。こういった基準で見ていくと、まったく行ったことのない駅に降り立ち「今から不動産営業をしてください」といわれても、どこから取り組めばいいかが明確に分かります。

これは何か統計に基づいたものではなく、単に私が経験から導き出したノウハウではあるのですが、たいていの街で通用する方法だと思います。あなたが不動産の営業マンでなくても、何か物件を探す時には応用できるはずですので、ぜひ覚えておいてください（笑）。

あなたも独自ノウハウを必ず持っている

このような自分の独自ノウハウをきちんと蓄積していくことは、年収を上げるためにはかなり重要なことです。自分自身の成績を上げるために役立つのはもちろんのこと、管理職になれば、そのノウハウを伝授することで部下の育成にも効果を発揮します。他人と同じように働いているだけでは、他人と同じくらいのお給料しかいただけないのは当然ですから、年収１０００万円を突破したいなら独自ノウハウは必須といえるでしょう。

それでは、どうすれば独自ノウハウを培うことができるのでしょうか？

そのためには、まず普段行っている仕事を紙やＰＣに書き出してみることです（紙の方がお薦めです）。かなりの量になると思いますが、どんなに細かいことや初歩的なことでも、とりあえず一度書き出してみてください。

そして、書き出したものを客観的に見直してみると、会社の業務マニュアルには書いていない、あなた独自の工夫が見つかるはずです。最初は「こうすればもっとうまく行くかも」という仮説のようなものでも構いません。何か見つかれば、それを意識的に実践してみて、さらに改良を加えていくうちに、立派な「独自ノウハウ」と呼べるものになるでしょう。

そういう意味では、ほとんどの人は、実は独自ノウハウの種を持っているのです。

ただ、それを意識していないために、せっかく仕事で得た経験や知識を、その場限りで使い捨てにしてしまっているだけという気がします。

そんなもったいないことをしないためにも、ぜひ日頃から「自分の武器となる独自ノウハウを蓄積しよう」という意識を持って仕事に取り組んでみてください。

2 「アウトプット」を意識せよ

「やきとり大衆」に秘伝なし!?

飲食店にとって、独自レシピは門外不出の秘伝。例えば皆さんご存じのコカ・コーラやケンタッキーフライドチキンのレシピは特別な金庫の中に厳重に保管されており、そのレシピの内容を知るのは世界でも数人しかいないそうです。

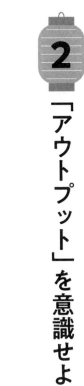

しかし、先ほどお話したように「やきとり大衆」にもたくさんの独自レシピがあったわけですが、大将はそれを誰にでも教えていました。今考えれば、ずいぶん太っ腹な話です。

小学生の私にも様々なレシピを教えてくれましたし、お店で修行目的で働いていた独立を志している若いスタッフの方にはレシピだけに留まらず、仕入れや経理など店舗経営のノウハウ、店舗の選び方、はたまた雑談のネタの仕入れ方まで、様々なノウハハウを惜しみなく積極的に伝授していました（それも何人にも！）。

さらには、そうした若いスタッフの方が独立するとわざわざ開店祝いに出かけて、そこでも厨房へ入って、仕込みをしてある焼き鳥やおつまみに対して1つ1つ丁寧に説明するほどでした。情熱を持って熱心に後輩の指導にあたる大将のその姿は子供心に強烈に焼き付き、今でもまざまざと思い出せます。

そうした大将の指導の賜物なのか、一番最後に独立した方は今もお店が繁盛しているとのこと。自分が大将のお店を継げなかった分、何だか嬉しく感じてしまいます。

ノウハウはアウトプットすることで磨かれる

そのような大将の姿を見てきたので、私も独自ノウハウは自分だけで独占するのではなく、積極的に他人に伝えるのが自然だと感じています。

特に私の場合は高卒というハンデを抱えていましたから、会社員として年収1000万円を達成するためには自分のノウハウを部下達に浸透させて、チーム全体の成績を上げる必要があった、という事情もありますが……。

ともあれ、そうやって多くの相手にノウハウを伝えているうちに、気付いたことがあります。ノウハウというのは、アウトプットすることで磨かれていくのです。

そもそも自分の仕事のやり方を人に伝えようとすれば、感覚的にやっていたことでも言葉にして説明しなければなりませんから、そこで新たな自分のノウハウに気付くことも少なくありません。また、ノウハウを伝えた相手がうまくできなかった場合は、「こうすればうまく行くかも」と改善方法を考えるきっかけにもなります。そうやってアウトプットを繰り返していくうちに、そのノウハウがどんどん洗練され、再現性の高いものへと進化していくのです。

実際、その効果を実感していた私は、ある部下にもノウハウをアウトプットするよう薦めたことがあります。当時、その彼は営業としてそれなりの実績を上げていましたが、まだ自分の感覚頼りの営業スタイルからは脱却できておらず、ちょっと伸び悩んでいました。そこで同じチームの後輩達の指導係を任せたのです。

すると、その後輩達の成績が伸びたのはもちろんですが、彼自身の営業成績も半年ほどで約1・5倍伸び、すっかりお店の稼ぎ頭へ成長しました。それまで感覚的に行っていた自分のノウハウを後輩達に伝える中で、彼自身が気付くことも多く、ノウハウに磨きがかかったのでしょう。結果として私の部署全体の営業成績も上がり、いうことなしです。これこそアウトプットの力なのです。

あなたもぜひ、自分のノウハウをアウトプットしてみてください。もし部下がいなければ、同僚や上司相手でも構いません。あるいは、SNSなどで同業者に向けて発信するのでもいいでしょう（その場合は営業上の秘密情報は漏らさないように注意する必要がありますが……）。積極的にノウハウをアウトプットしていると、参考になるフィードバックをもらえたり、逆にノウハウを教えてもらえることもよくあります。アウトプットすればするほど、あなたは成長できるのです。

3 「情報収集の時間」を確保せよ

大将が二日酔いでも欠かさなかった毎朝1時間30分の情報収集

序章でもお話したように「やきとり大衆」は1人で黙々と飲むのはＮＧというルールがありましたから、とにかく会話が絶えない賑やかなお店でした。お客様同士はもちろん、大将も注文をこなしながらお客様とよく楽しげに話していたのを覚えています。

お店を手伝いながら、そんな大将の姿を見て幼心に感じたのが「大将はとても物知りだなあ」ということです。世間の流行りやスポーツの話題などなど、どんな話題でも話せるのです。そんな大将を常連さんも頼りにしていて、「今度の休みにどこかへ旅行しようと思っているんだけど、どこがお薦め？」などと、いろいろな相談をしていました。

なぜ大将はそんなに物知りだったのでしょうか？

その秘密は、大将の1日の流れの中にあります。

お店のある日、大将は毎日正午12時に家を出て、13時頃にお店に到着していました。それから材料を購入し、料理を仕込んでいると、あっという間に開店時間の17時。深夜23時頃まで営業した後、店を閉め片付けをしたら午前0～1時の電車に乗り、最寄り駅の深夜営業の定食屋さんで夜ご飯を食べて家路に着きます。そのため、床に就く時間は早くても午前1時30分前後。もちろん飲んで帰ることも多く、朝日と共に帰宅ということもしょっちゅうでした。

しかし大将はどんなに前日の夜が遅くても、毎朝10時30分には起床していました。二日酔いでも体調が優れなくとも、毎朝、目覚まし時計などをいっさい使わず、機械のように10時30分に起床するのです。

そして正午12時に家を出るまでの約1時間30分、「東京新聞」を隅から隅まで読み、NHKのニュースにも一通り目を通していました。そうやって、経済やスポーツなど、お店での会話に欠かせない情報を収集していたのです。

子どもの頃はそんな大将の姿を見ても「そういうものだ」くらいの意識しかありませんでしたが、大人になった今考えてみると「仕事で忙しい中、毎日しっかり情報収集を欠かさなかったのはすごいな」と、この点については素直に尊敬しています。

早朝のオフィスを貸し切って情報収集しよう

そんなわけで私自身、会社員として働き始めてからは、大将を見習って毎日情報収集の時間を確保するようにしています。

情報収集の時間は、朝、昼、夜、いつでも構わないのですが、私としては朝がお薦めです。実際に私は不動産業界に入った当初、毎朝、始発で会社に行くようにしていました。なぜなら、夜遅くまで残業をしている人はいますが、逆に始発で行くという人はほぼいないからです。そのため、朝なら誰もいないオフィスを独り占めして、情報収集に集中できます。

別に大将のように、家を出る前に自宅で情報収集をしても良いのでしょうが、私の場合は自宅にいるとつい気が散ってしまって、うまく行きませんでした。その点、会社に行けば気持ちが仕事モードに切り替わるので、早めに出社していたというわけです。

もちろん、何も始発で出社しなくても、始業開始が9時半からの会社であれば1時間早く8時30分に行くだけで、まるで社長のような貸し切りの時間を会社で得ることができます。あなたもぜひ、朝の情報収集の習慣を試してみてください。

新聞だけでなく読書での情報収集もお薦め

なお、その朝の時間で具体的にどんな情報収集をするかというと、まずは大将と同じく、新聞です。私の場合は日経新聞と朝日新聞、読売新聞と3紙に目を通しています。

それに加えて、できれば読書の時間も作るといいでしょう。世間の動きは広く新聞で押さえつつ、自分が興味を持ったテーマについては本で深く勉強する、という組み合わせです。

本を読むことには様々な効果があります。「専門的な知識や、新しい考え方が手に入る」ということも当然ありますが、意外と無視できないのが「自分の頭の中が整理される」ということ。

実際、私はそれまで経験的・感覚的に培ってきた営業ノウハウが、感覚的なものであるがゆえに部下に言葉でうまく伝えられずに困っていました。それが、様々な営業ノウハウ本を読んでいくうちに、自然と自分の中で考えが整理されていき、自分のノウハウを体系的かつ理論的に部下に説明できるようになったのです。

業界に関係なく、第一線で活躍している方々のほとんどが読書の大切さを説いていますが、そういうことか、と今では実感しています。

読む本に迷ったらガイドブックやメルマガを参考に

なお、日本では毎日２００～３００点もの本が出版されており、年間では約7万点以上にものぼるそうです。新刊だけでもこんなにあるのですから、過去に出版された膨大な数の本の中から自分に必要な本、自分の目的にあった本を選ぶのは、至難の業かもしれません。

そんな時には、まずは『読書する人だけがたどり着ける場所』（齋藤孝著）や『本を読む人だけが手にするもの』（藤原和博著）のような、大人の読書術的なビジネス本を参考にするといいでしょう。そうした本では著者がお薦めする50冊くらいの本が紹介されていますので、その中から気になった本を選んでみるのです。

他には、私はいわゆる「出版プロデューサー」「出版コンサルタント」という肩書の方々が定期的に発行している書評メルマガを複数種類チェックしています。こうした書評メルマガには、取り上げた本の要約（サマリー）が書かれていますので、それを見るだけで、だいたいの内容と、自分の今に必要かどうかが判断できます。また、こうしたメルマガで取り上げられる本は、だいたい売れている本や売れそうな話題書がほとんどですので、取引先との会話や、ビジネス交流会での話のネタとしても役立ちます。

正直に告白すると、フリーター時代には「実際に経験しなければ何も分からない！

本なんか役に立たない！」などとうそぶいて1冊も本を読まなかった私ですが、経験で得られるものと読書で得られるものは別であり、どちらが大事ということではありません。両方大事であり、読書なしには今の私にはなれなかったと感じています。あなたもビジネスマンとしてステップアップしたいなら、ぜひ読書の習慣を身につけましょう。

4 「30分前行動」でライバルに差を付けろ

大将はいつでも「30分前行動」だった

大将の焼き鳥屋では、旅行・競馬観戦・麻雀大会など、たくさんのイベントがありました。そして、そのようなイベントの時は、お店以外の場所で待ち合わせをすることもよくありました。

そんな時、自分のお店主催のイベントですから、遅れるということはまずないというのは当たり前ですが、大将は俗にいう「10分前到着」ではなく、「30分以上前」には集合場所へ到着するよう心がけていました。

大将は昭和10年生まれ、愛媛の片田舎にあるみかん農家育ちです。大学進学で東京へ出てくる時、まずは電車と船で四国を離れてから、本州では電車に揺られて東京まで約24時間かかったと聞きました。そんな時代を生きてきたのですから、電車や船に

1本乗り遅れるなんてことは、それこそ時間や費用を考えたら、絶対にあってはならないという感覚が染みついていたのでしょう。

そのため大将は、いつでも念入りに下調べをし、30分以上のゆとりを持って到着し、不意の変更や何やらの想定外にも、必ず対応できるようにしていたのです。

待ち時間の散策がお客さんとの話題のネタに

そんな姿を小さな頃から見ていたので、30分前到着は世間でも当たり前と思っていましたが、実はこれは大将個人的な背景からのルールで、世間一般的ではないことを、大人になってから知りました。

ただ、子どもの頃、ふと疑問に思って「集合時間まで何をしているのか」を聞いたことがあります。すると、大将は面白いことを教えてくれました。

早めに来て、周囲を見て回っているというのです。要は散歩というか散策をしていたのですね。特にはじめての場所や、滅多に来ない場所では、周辺を回ることで、新しい発見があり、見聞を広めているとのことだったのです。

よく、大将はお客さんから「大将はいろいろと知ってるねぇ〜」「本当に物知りだね〜」なんていわれたりしていましたが、日頃から車にはできるだけ乗らず、徒歩で歩いてあちこち見て回っているということも、情報収集に役立っていたのかなと思います。

30分前行動は不動産業でも威力を発揮

実はこの大将の「30分前には到着する」という考え方を、私も今、実践しています。例えば物件見学など、お客様と現地待ち合わせをする時に、待ち合わせの30分前には現地に到着し、そのエリアがどういう場所なのか、不動産屋の視点で丹念に見て回るのです。

不動産業は地場産業であるといわれるように、「地域にどれだけ精通しているか」ということは営業マンにとって大切な要素です。ただ多くの不動産会社の営業マンは、自分のお店がある地域には詳しくても、他の地域は知らないことが多いと思います。

そのため、お客様から「他の地域で探してほしい」といわれた場合は、経験年数の浅い営業マンは動揺することもあるでしょうが、この街を見て回る方法を使えば、急なご案内の場合でも、心にゆとりを持ってご案内に臨むことができます。

もちろん地図や写真など、事前にインターネットである程度は見られる時代にはなりましたが、やはり現場に行かないと分からない情報があると痛感しています。車は狭くてすれ違いが難しいかなとか、平面の地図では分からない急坂の存在や、ここは下町っぽい雰囲気だといったことなど、いろいろな情報を得ることができるのです。

初対面の人との距離を縮めるには効果的な方法

そして、この30分前行動は、あなたが不動産屋でなくてもお薦めです。

私は、不動産の仕事以外でも、はじめての場所に行く時やはじめて会う人と待ち合わせをする時は、待ち合わせ時間の30分前から1時間前には現地に到着するようにしています。

そして例えば訪問先が企業の場合は、会社の最寄り駅から会社までの道と、会社の周り徒歩5分ぐらいの近辺を歩き、コンビニやスーパーがあれば、「この企業の人は、昼食はここのコンビニやスーパーでお弁当や飲み物を買うのかな」、和菓子屋さんがあれば「手土産はここで購入するのかな」というように、これからお会いする方の会社での生活圏を想像してみるのです。

すると、商談を開始し、万が一、会話に詰まった時も、「ここらへんはコンビニが多くて便利ですね」とか、気になった店があれば、「あの店は行ったことがありますか？」など、近所の話題を出すことができます。こういった話は、天気の話よりも具体的に共感を得やすい話題だと思いませんか？

また、食べ歩きが嫌いな方はあまりいませんから、周辺の飲食店の話も話題としては格好のテーマです。相手に「あそこの店は行った方がいいですよ」といわれたら、「では帰りに行ってみますね」と実際に帰りに寄れば、次回に会う時には「行ってきましたよ」と会話の糸口になります。そうすることで相手との距離を縮め、親近感を持ってもらいやすくなります。

ビジネスマナーとして「遅刻しないように約束の5分前や10分前に到着をしましょう」ということはよくいわれていますが、さらに早く、30分前に到着することでライバルに1歩も2歩も差を付けられるかもしれないのです。

もちろんアポが重なり、1時間刻みや30分刻みで動かねばならない日などは、30分前に到着するのは無理なこともありますが、時間の許す限り、早めに着くことをお薦めします。

5 「行動経済学」から仕事のヒントを学べ

常連さんが大将の焼き鳥屋に通ってしまう理由

中学生の頃、大将の焼き鳥屋で働いていた時、常連さん同士が「なぜこの店に来てしまうのか」といった類いの会話をしているのを何度となく聞いたことがあります。皆さん、「なんとなく好き」「心地良い」「フィーリングが合う」など様々な言葉で表現されていましたが、当時の自分にとってしっくりと来る答えはなかったことを覚えています。

その後、大人になって本を読むようになって、しっくりする答えをくれた学問に出会いました。それは何度かノーベル経済学賞を受賞している「行動経済学」です。ご存じの方も多いでしょうが、ざっくりいうと、「人は経済的合理性に基づいて動く」と考える従来の経済学に対して、「結局、最後に人は感情で動く」というのが、この行動経済学の根幹です。

行動経済学の理論では、人間には、自分がそこにいて居心地のいいゾーンがあります。この居心地のいいゾーンのことを「コンフォートゾーン」と呼びます。そして、人には、なるべくコンフォートゾーンに留まろうとする性質があるのです。これを行動経済学では「現状維持バイアス」と呼んでいます。

要は、仕事でも、付き合う友人でも、帰りに寄る飲み屋で頼むメニューでも、「いつもの」という現状維持バイアスがかかりがちということです。

常連さん達がこまめにお店に通ってくれていたのは、焼き鳥を毎日食べたかったからではありません（もちろん食べたかった方もいるとは思いますが……）。あのでんでん太鼓と、大将と常連さんが作り出す店の雰囲気が、自分のコンフォートゾーンとなり、ついつい寄ってくれていたのです。

もちろん大将が行動経済学を知っていたはずはないのですが、そういう視点で振り返ってみると、確かに大将はあの手この手で常連さんにとって居心地の良い雰囲気を作ることに心を砕いていたように思います。そうしたことが商売にとって大切だと、経験的にか本能的にか、分かっていたのかもしれません。

不動産のような大きな買い物でも人は感情で決める

この行動経済学、つまり「結局最後に人は感情で動く」という法則は、不動産の世界でも同様に成立します。不動産売買のように金額が大きな決断であっても、必ずしも人は合理的に決めるわけではありません。

特にご夫婦向け・ご家族の物件の場合、経験上、最終的には「女性が決める」というケースが多く、感情が決め手になったりします。このことを分かってないと、営業マンとして間違った背中の押し方をしてしまうことになります。

実際、私は不動産業界に入った当初、この法則に気付かず、なかなか成績を上げられませんでした。それは合理的に理路整然とご希望条件と照らし合わせ「だからこの物件にしましょう」とお客様に物件をお薦めしていたからです。

ところが同僚の1人を見て、そのような自分の営業スタイルに疑問を感じました。

彼は特別にお薦めする・押し売りするような営業を全然しないのに、私よりも契約を重ねていくのです。

そこで彼のことをそれとなく観察してみたところ、女性のお客様、ご夫婦でも特に奥さまの方に受けが良いということが分かりました。ギラギラした感じがなく、自然体で、押し売りしない彼の雰囲気が、女性のお客様にとって「快適」だったのでしょう。それ以来、私も女性のお客様をできるだけ不快にさせないような営業スタイルに改めたところ、成約件数を伸ばし、目標達成により近付くことができました。

どんな仕事にも行動経済学は応用できる

このように焼き鳥屋から不動産屋まで、行動経済学の知識はあらゆる商売に役立ちます。ここで紹介した「コンフォートゾーン」や「現状維持バイアス」以外にも、行動経済学には興味深い理論がたくさんあります。例えば、次のようなものです。

・プロスペクト理論……1000円が、大きい金額になると気にならなくなる。
・コンコルドの誤謬（ごびゅう）……人は損を非常に避けたい。
・無料の入り口……無料相談などをきっかけに、有料サービスに入ってしまう。
・メンタル・アカウンティング……デートや旅行ではお金の価値が変わる。
・認知的不協和の解消……後付けで、最初からできないと分かっていたと思い込む。

知れば知るほど面白く、仕事にも応用できますので、ぜひこの機会に行動経済学に触れてみていただければと思います。ちなみに、行動経済学の本で一番のお薦めは『ファスト＆スロー』（ダニエル・カーネマン／早川書房）ですが、上下巻と2冊あり、かなりのボリュームがあります。手っ取り早く簡単に知りたいという方は、『ヤバい行動経済学』（橋本之克／日本文芸社）がお薦めです。

自分自身の成長にも繋がる

また、商売のこと以外にも行動経済学の知識は役立ちます。行動経済学を学ぶことで「無意識に自分の成長を妨げている原因」が分かるからです。原因が分かれば、それに対処することもできます。

例えば、ビジネスの世界では「コンフォートゾーンにばかりいては成長できない、結果を出せない」といわれています。

もし、あなたが転職や就職などのキャリアアップを考えているのに、なかなか踏み切れないのなら、それは現状維持バイアスのせいかもしれません。そう考えることで、逆に変化を恐れなくなるといいますか、１歩踏み出そうという勇気が少しずつわいてくるのではないでしょうか？

そして、現状維持バイアスを乗り越えるために、まずは毎日のルーティーンを崩すことから始めてみればいいのです。いつもと違う車両に乗ったり、快速電車に乗っていたのを各駅停車に乗ってみたりといった、小さなことで構いません。そうやって、コンフォートゾーンから１歩踏み出す訓練をしていくと、いつのまにか現状維持バイアスが弱まり、転職も怖くなくなります。

6 「セミナー」に参加して師匠を見つけろ

常連さんに教わった「親や先生は教えてくれないこと」

私が焼き鳥屋のジュニアで良かったな、恵まれていたな、と感じる理由の1つに「同世代の子どもと比べて、多くの大人に接する機会があった」ということが挙げられます。

一般的には、子ども時代に身近にいる大人というと、親と学校の先生くらいでしょう。しかし私の場合は大将のお店を手伝う中で、たくさんの常連さんに可愛がってもらえました。そのおかげで多くの大人、人生の先輩達から、多様な考え方、生き方を学ぶことができたのです。それは決して親や学校の先生からでは学べないものばかりでした。

特に印象深いのは、常連さん達が「師匠」と呼ぶ方。アパレルショップに勤めており、ゴールドが大好きで、ゴールドのネックレスや宝飾時計を身に纏い、どこへ行っても人気の的でした。特に夜の吉祥寺では絶大な顔の広さがありました。

そんな師匠は大将のお店で盛り上がると、その勢いで「おい、ジュニア！　これからいろいろと連れてってやるから行くぞ！　社会勉強だ！」と他の常連さんともども私まで夜のパトロールに連れ出してくれることもよくありました。

おかげで普通の子どもにはできない体験も、いろいろさせてもらえました。今の時代だと、子どもを夜の街に連れ回すなんて問題になるかもしれませんが……（笑）。

もちろん、師匠だけでなく、他の常連さんからも多くのことを学ばせてもらいました。大将の焼き鳥屋の常連さんは特にバラエティに富んでおり、様々な職種や立場のお客さんがいましたから、そこで学んだことがその後の人生を切り開くヒントになったことも少なくありません。

当時の常連さんの方々には、貴重な体験をさせてもらったと、今でも感謝しております。

学ぶ相手はたくさんいるに越したことはない

そして、その時の経験があったからこそ、私は社会に出てからも積極的にたくさんの「師匠」を見つけることを心がけています。

通常、会社に入ると直属の先輩や上司の指導を仰ぐことになると思いますが、世の中にはすべての面においてお手本となるような完璧な人間などいません。1人の相手から学べることには限りがありますから、直属の先輩や上司からだけ学んでいれば完璧ということはあり得ないのです。

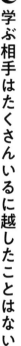

だからこそ、成長のためには自分から積極的に、なるべくたくさんの師匠を見つける必要があります。もちろん、会社組織である以上、業務については直属の先輩や上司の指示に従う必要はありますが、その指示に反しない限りは誰に何を学ぼうが自由です。

私の場合ラッキーだったのが、財閥系大手不動産会社に入れたことです。財閥系大手不動産会社の正社員といえばエリート揃いですから、高卒フリーターだった私に比べれば周りの人は皆、何かしら優れたところを持っていました。お手本にできる師匠を探すのに困ることがなかったのです。

社内に尊敬できる上司や先輩、成績を常に上げている人が多かったので、そうした人たちの仕事ぶりを見たり、時には直接ノウハウを教えてもらったり、その人たちの価値観を知る中で、私もその人たちと同じような行動をするよう心がけました。その結果、私の収入もどんどん上がっていき年収１０００万円を達成できたのです。

身近にお手本がいなければセミナーで探す

もっとも、中には「社内や身近には、なかなかお手本にできそうな相手がいない」という方もいらっしゃるでしょう。

そういう場合にお薦めなのが、セミナーに出ることです。

私の場合も、さすがに同じ会社に10年もいるとだんだんお手本にできる相手も少なくなってきて、閉塞感を感じてきたことがありました。そんな時に、たまたまハワイに移住して起業をしている方の本に出会い、その方が月に1回程度、日本に帰国して開いている個別セミナーに参加したことがあります。

実は最初は趣味のサーフィンがきっかけで、将来はハワイに移住できればいいな、その参考になる話を聞ければいいな、くらいの気持ちで参加したのですが、これが人生を変える出会いになりました。

というのも実際に会って話してみて分かったのですが、偶然にもその方は私の勤務先に新卒で1年程度働いていた先輩だったのです。その方は当時の会社に限界を感じ、単身アメリカに渡ってハワイで成功をおさめたのだそうです。

「この人のようになりたい！」

強烈にそう思いました。その時からその方をお手本に「独立」を意識して、40歳代を走り始めたのです。

その方には「会社員としか付き合わなかったら、会社員の感覚から抜け出せない。経営者を目指すなら、少し背伸びして、経営者のグループに入らないと」「読書は大切。日本に来た時には、トランクいっぱいに本を購入してハワイに持って帰る」など、たくさんのことを教わりました。

今の私がいるのは、まさにこの方と出会えたおかげだと思っています。

周りにいる５人の年収の平均があなたの年収

もちろん、このような人生を変える出会いがそうそうあるわけではありませんが、それでもまずは自分より優れていそうな多くの方に会う必要があります。たくさんの人に会えば、その中から自分のお手本にできそうな人、師匠と仰げる人が何人かは出てくるでしょう。

そうした出会いを得るためには、セミナーというのは良い手段だと思います。尊敬できる相手を見つけても、遠慮してなかなか自分からコンタクトを取りづらい、という奥ゆかしい性格の方でも、お金を払ってセミナーに参加するという形なら比較的実行しやすいのではないでしょうか。

よく「自分の周りの仲のいい５人の年収の平均が、自分の年収である」といいますが、私は、まさしくその通りだと感じています。ならば、自分よりも優れている人と積極的に交流するのは、年収を上げるための大切な自己投資といえます。

最近はセミナー情報を集めたホームページもいくつかありますし、先ほどの例のように本を出している著者がセミナーを開いていることも多くなってきました。興味を引かれたら積極的に参加してみることをお薦めします。

第4章

焼き鳥屋で学んだ「自己管理」4つの教え

「好事魔多し」といいますが、仕事がある程度うまく行き始めた時こそ油断が生じ、足下をすくわれるものです。一時的に成功をおさめても、それを維持できない人はたくさんいます。大将が35年間に渡ってお店を続けられたのは、そうした落とし穴にはまらないようしっかりと自分を管理していたからでもあります。

1 たくさん稼いでも「無駄遣い」は慎むべし

就職したての私に大将が持ちかけた「借金」

不動産業界へ就職をした直後の話です。それまでプライベートで乗っていた20年落ちのもらいものの車が、不運にも壊れてしまいました。

しかし当時の私は結婚したてでアパート暮らしの27歳、駆け出しの正社員。決して収入は多くはありません。それに私生活では日常的に車を利用することもありません。

「それなら新しい車を買わなくても、必要な時だけレンタカーを使えばいいか」

私はそう考えました。

ところがたまたま仕事帰りに大将の焼き鳥屋に寄って相談したら、大将から「お金を貸してやるから車を買え」といわれたのです。

「200万円貸してやるから、返済は毎月5万円、年に2回のボーナス月は25万円。24回払い（2年）で、毎月手渡しで月末に持って来いよ」という条件でした。

ちなみに、その頃は車のディーラーさんでローンを組んだ場合は60回払い（5年）が定番でしたから、けっこうきつめの条件です。

それでも冷静に計算してみれば返済できない金額ではなかったのと、大将が強く勧めてきたこともあって、私は結局お金を借りることにしました。

大将の真意は「貯蓄体質」への変身にあった

その後、2年間の返済は滞りなく無事に終わったのですが、その完済時に大将がなぜお金を貸してくれたのか、真意を説明してくれました。

それは、こうやって借金を返済するという理由でもなければ、私が無駄遣いをしてしまう可能性があるから、というものでした。

確かに、これまでお話してきた通り、私はフリーター時代にはお金が入れば入っただけ使ってしまう生活をしていました。それどころか、手元にお金がなくてもクレジットカードで借りられることをいいことに、借入れ額を限界まで膨らませ、毎日、返済のやりくりを考える生活を繰り返してきました。

大将の心配は、もっともです。いくら正社員になって収入が安定しても、無駄遣いがなくならなければ生活は安定しません。心を入れ替えて定職に就いた息子に、これ以上同じ失敗を繰り返させないための、大将なりの愛情だったのです。

その上で「これで毎月、一定額を返済した残りで生活するという習慣が付いたのだから、これからもそのペースを守り続け、借金の返済をするつもりでその金額を貯金していけ」と大将は教えてくれました。

おかげで私は浪費体質から貯蓄体質へと、見事に変身できたのです。

もっとも、正直に告白すると、年収が1000万円を超えた頃にはフリーター時代には見たことのない通帳の金額に思わず財布の紐が緩みそうになった場面もありますが……そんな時も、この経験を思い出して「あんなに収入が低かった時でもできたのだから」と考え直すことができました。

未だに守っている大将の教えの１つです。

年収が上がれば税金も上がる

なぜこんな話をしたかというと、実は年収が上がってきた時こそ、浪費に注意が必要だからです。

皆さんは「年収１０００万円の生活」と聞いて、どんなイメージを持つでしょうか？何でも好きなものを買え、優雅な生活ができるはず、と夢見ている人は要注意です。確かに年収が上がればお給料の額面は増えます。しかし、自由になるお金はそれほど増えないというのが実情です。よく年収１０００万円ぐらいのサラリーマンが一番貧乏だといわれていますが、私自身の体験でもそれは実感しています。

これはなぜかというと、１つには税金が高くなるからです。所得税は「累進課税」といって、所得（サラリーマンなら給与）の金額が上がると、税率も段階的に上がっていく仕組みになっています。例えば年収３００万円なら税率は10％ですが、年収

400〜600万円なら税率は20％、年収1000万円なら税率はなんと33％です！

もちろん、この他に住民税や社会保険料なども取られますから、年収1000万円といっても税金などを引かれた手取りの金額は意外と少なくなります。私も最初はこれに気付かず、「年収が上がったのに、なぜか手元に残るお金が少ないなぁ……」と悩んでいました。

人付き合いや家庭にかかるお金も増える

また、出ていくお金は税金だけではありません。給料が上がり、昇進をして部下を持つ立場ともなれば、上司が上司らしくあるためにもお金が必要になります。

例えば、周りからの目もありますから、毎日お昼はコンビニのおにぎりというわけにもいきません。安っぽいスーツを着ているわけにもいきません。部下に奢らなければならない場面もあるでしょう。自然と出ていくお金もどんどん増えてしまいます。

さらに、今までよりも上の人と付き合うのにも、お金がかかります。例えば課長から部長になるためには、部長と一緒にゴルフをしておかなければいけないかもしれません。部長や同レベルの社外の人と飲みに行くのにも、学生が行くような居酒屋に行くわけにもいかないでしょう。

会社だけでなく家庭でも、支出は増えます。単純に家族が増えることもあるでしょうし、子どもが大きくなれば教育費もバカになりません。

このように年収が上がるとともに、どうしても支出も増えていくので、自分の自由になるお金は意外と少なくなるのです。

一度生活レベルを上げてしまうと下げることは難しい

したがって、年収が上がった時に大切なのは「年収が上がっても、必要以上に生活レベルを上げず、決して無駄遣いをしないこと」です。

これができなくて、年収が高いにもかかわらず苦しい生活を送っている人は少なくありません。「生活が苦しいなら無駄遣いをやめればいいのでは」と思うかもしれませんが、人間とは一度生活レベルを上げてしまうとなかなか下げることが難しくなるものなのです。

例えばいったん便利で広い都心のマンションに引っ越してしまうと、いくら家賃が高くて苦しくなっても、なかなか条件が劣る安い物件に引っ越せないでしょう（特に家族がいる場合はなおさらです）。

あるいは、郊外に立派な家を買ったりしてしまうと、ローン返済が苦しくなっても「せっかく手に入れた夢のマイホームを売却する」という決断はそう簡単にはできないと思います。

それなら社宅に住んでいる場合はどうか、というと、駐車場で誰がどんな車に乗っているか分かるので見栄の張り合いが起こって、月賦でＢＭＷやベンツを買ってしまったりします。正直なところ、年収１０００万円で乗れる車は国産車がせいぜいなのですが……。

いくら年収が上がっても、こんな生活をしているようではフリーター時代の私とレベルは変わりません。この点で、サラリーマン生活の最初に大将に貯蓄体質をたたき込まれた私はラッキーでした。

　最近でも、キャリア官僚候補が派手な生活をするためにコロナ給付金を架空請求したり、といった事件が途絶えません。傍から見れば十分な給与をもらっているはずなのになぜ、と思うかもしれませんが、人間の欲望に限りはないようです。十分注意してください。

2 ワンマン上司より「頼り上手」な上司であれ

大将がお店のルールを浸透させたすごい方法

序章でもお話したように、大将のお店には様々な独自のルールがありました。例えば「1日に飲めるお酒の量にリミットがある」とか「最初の飲み物の注文時に焼き鳥を5本、一緒に注文する」といったものです。

しかし、はじめて来たお客様はそうしたルールを知りません。しかも、これらのルールがお店の中に書いて貼ってあるわけでもありません。なので、誰かがそれを教えなければならないわけです。

当然それは基本的に大将の役割なのですが、あまりにお店が忙しい時など、大将が説明できないこともあります。そのため、お店を手伝っていた小学生の私が説明しなければならないこともよくありました。

ところが、しょせん子どもなので、うまく説明できないことがあるわけです。そんな時に手助けしてくれたのが常連さんでした。ルールがよく分かっていない新参のお客様に対して、先輩として「このお店はこんなルールなんですよ」と親切に教えてくれたのです。

当時、そんな常連さんがとてもありがたかったのと同時に、子供心に「こんなことまで常連さんに頼るなんて、大将はなんていい加減なんだ」と思ったものです。

しかし、今思い返してみると、大将はわざとそうしていた部分もあったのかもしれません。というのも、他人にルールを教えた当人が、そのルールを破るわけにはいきませんよね。なので、新参のお客様にルールを教えた常連さん達自身にも、改めて「きちんとルールを守らなければ」という意識が芽生えるわけです。

常連さんにうまく頼ることで、ルールや価値観を共有した最強のチームを作っていく。大将には、そういう狙いがあったのかもしれません。そうした延長線上に、「お店のイベントの運営を常連さんにお任せする」「大掃除も常連さんに手伝ってもらう」

という やり方も生まれたのでしょう。

まあ、単に本当にいい加減なだけだった可能性もあるのですが……(笑)。

いずれにしても、結果として常連さんが団結していったのは間違いありません。おかげで、大将が他界して10年以上になりますが、今も常連さん同士の繋がりは続いています。ここまで常連さんの団結力が強いお店を、私は未だかつて見たことがありません。

「自分が頑張れば回りは付いてくる」と考えるのはエゴイスティック

そしてこの大将のやり方は、会社で部下を持った時にチームをまとめていく方法としても、とても有効です。

実は私は、チーム作りで大失敗した経験があります。それは杉並リハウス株式会社(現・三井不動産リアルティ株式会社)へ入社して営業成績を上げ、はじめて部下を持った時のことです。

当時の私は、「自分が頑張っている姿を見せれば、部下は自然と付いてくる」と考えていました。それどころか「チームで一番成績を上げ会社に評価されているのは自分なのだから、みんな自分に付いてくるべきだ」と不遜な考えすら、心のどこかに持っていた気がします。恥ずかしながら、好成績を上げ自分に自信を持っている「イケイケのビジネスマン」なら一度は陥りがちな罠ではないでしょうか？

ところが、そんなある日、同僚からある噂を耳にします。「とある事務員さんが私のことに腹を立てて、女子トイレのゴミ箱を蹴っていた」というのです。

ショックでした。しかし、冷静に振り返ってみると「自分のやり方に付いてくるべきだ」と１人で突っ走るあまり、確かにその事務員さんには無理難題をいってしまっていたのです。完全に私の驕りや甘えの結果であり、大いに反省しました。

そして、「これからどうしたらいいか」と悩んでいた時にふと思い出したのが、大将のやり方です。大将のお店のルールは、もちろん大将が作ったものですが、それを問答無用で押しつけ守らせるというよりも、先ほど説明したようにお客様が自分からルールを守ってくれるようになるような工夫をしていました。そのやり方を真似れば、メンバーに不満を抱かせることなく、チームをうまくまとめられるのではないかと考えたのです。

まずはお互いを知るところから始めよう

そこで、まず私は部下達と積極的にコミュニケーションを取るようにしてみました。大将のお店の場合、常連さんがルールを受け入れていたのは、前提として「大将も自分のことをよく知ってくれているし、自分も大将がどんな人かよく知っている」という信頼感があったからだと考えたからです。

実際、大将はお店で自分のこともよく話していましたし、お客様の話もよく聞いていました。それを思い出して、私も機会を見つけては、自分がどんな人生を歩んできて、どんな夢を持っているかを部下に伝えるようにし（よく「変わった人生ですね」といわれました……）、部下がどんな生き方をしてどんな夢を持っているのかも聞くようにしたのです。

特に、仕事を始める前のタイミングで、私が「７つの夢」と呼んでいる、入学や卒業などのライフステージごとに思っていた夢を、お互い話し合うのが効果的でした。そうすることで相手の生い立ちが理解しやすく、お互いの距離が一気に縮まったのです。部下の側も私を信用して素直にアドバイスを受け入れてくれるようになり、私もその部下に合った適切なアドバイスがしやすくなりました。

例えばある若手スタッフの場合、「営業成績を上げたい」という気持ちが強すぎるあまり商談で結論を急ぎすぎ、かえってお客様を逃がしてしまい、売上目標を達成できないという問題を抱えていました。そこで彼とよく話してみると、日頃は「お笑い」を見るのが趣味で、非常に詳しいことが判明。それならば、と「契約の話をする前に、君のお笑いの知識を活かして、もっとお客様を楽しませることにチャレンジしてみよう」とアドバイスをしたところ、これが功を奏して彼は安定した目標達成をできるようになったのです。

これなどは「とにかく上司である自分のやり方を真似ろ」と考えていては思いつか

ない解決法であり、まさに彼とのコミュニケーションの賜物だったと思います。

部下の優れたところを見つけて上手に頼ろう

そして、このようにコミュニケーションを重ねて人間関係を作りながら、もう1つ意識したのが「部下に上手に頼ること」でした。これも大将が、常連さんに上手に頼ることで団結力を高めていったことの真似です。

真面目で優秀なビジネスマンほど「部下から頼られるべき上司が、部下に頼るなんて」と抵抗を感じるかもしれませんが、実は上司に頼られると嬉しいと感じる部下は少なくありません。特に「年上部下」には効果的です。

彼ら年上の部下にとって、自分より経験が浅い年下の社員が自分の上司になるのはどうしても面白くは感じません。「なぜ自分は年下より評価されないんだ」とモチベーションが下がってしまったり、「自分の方が実務経験は豊富なんだ」と年下上司の指示に反抗的な態度を取ってしまったり、といったケースも少なくないでしょう。そういう年上部下に一番効くのが、「上司に頼りにされること」なのです。

そもそも、彼らが昇進できないのは単に出世向きの性格ではないからというだけで、実務能力だけならとても優秀という人も少なくありません。あるいは、特別に仕事ができる人というわけではなくても、何かしら素晴らしいところを持っているものです。本当に何も良いところがないという人は、そうはいません。

ですから、上手に頼ることさえできれば、そうした彼らの良い部分を引き出して、チームの一員として活躍してもらうことも夢ではないのです。

実際、私のチームに定年退職を間近に控えた方が異動してきたことがありました。同僚達の話では、彼は事務仕事が苦手で大事なところを見落としがちだったため、前の所属チームの年下上司にかなり怒られて、すっかりやる気を失ってしまったとのこと。「今は仕事のできないダメ会社員」というのが彼の下馬評でした。

しかし、彼と直接話してみると、確かに事務仕事が苦手なのは事実だったのですが、国立大学出身の優秀な方で、不動産知識は私以上に豊富だったのです。また、プライベートではご家族を大切にされており、同じ父親として尊敬できる先輩パパでもありました。

そこで仕事や家庭のことで彼にアドバイスを求めるようにしたところ、彼はすっかり変身して、笑顔で活き活きと働いてくれるようになったのです。彼が苦手な書類仕事だけは私や他の部下達でフォローしましたが、毎日クタクタになるまで仕事を頑張って「あの人、すごいね。どうしちゃったの？」と誰もが驚くほどでした。そうなれば、さすがベテランです。成績もこれまでの倍以上となり、チームの皆に相談される、頼れる最年長メンバーとなりました。

もちろん、こうした効果が望めるのは、何も年上部下ばかりではありません。年下の部下であっても、自分より優れた部分を持っている人はいるでしょう。そういう場合は、堂々と頼れば良いのです。

すべての面について上司が優れている必要はありません。得意なことは頼り合い、苦手なことはフォローし合う――それが「強いチーム」なのだと私は思います。

3 「健康」に気を配るべし

元気に飲み続けるには健康あってこそ

　ここまで何度もお話していますが、大将の最大の趣味といえば「お酒」。「酒を飲んで死ねたら本望」と豪語するほど、お酒が好きでした。

　しかし、実は大将は、お店の営業中には基本的に（笑）1滴もお酒を口にしませんでした。飲み屋さんの中には店主自ら飲みながら営業している店もありますが、大将はそこはきっちり分けて仕事をしていたのです。常連さんにうかがった話ですが、昔、一見さんに「大将は酒を飲みながら仕事ができていいねぇ」と適当なことをいわれて、カッとなって取っ組み合いの喧嘩をしたこともあったそうです。

　その代わり、営業終了後の「夜の街のパトロール」や、常連さんに運営を任せていたイベントなどでは、大好きなお酒を美味しそうに飲んでいましたが……（笑）。そうした時には朝まで飲み明かすこともあったわけですが、それでも毎朝10時30分には起床していたのですから、自分なりに限度を設けていたのでしょう。35年間、最後まで元気に焼き鳥屋を続けていたのですから、ああ見えても健康には気を遣っていたのだと思います。

それは常連さんに対しても同じで、「体調を崩すほど飲みすぎないで、程々に飲んで、明日も元気にお店に来てください」という気持ちから、1日に注文できるお酒の量にリミッターを設けていたことは、序章でも紹介した通りです。

大将も常連さんも皆お酒を飲むことが大好きだったからこそ「元気に飲み続けるには、健康あってこそ」というのが「やきとり大衆」の暗黙の了解でした。

いくら仕事が充実していても不健康な生活は長続きしない

同じように「元気に働き続けるのも、健康あってこそ」です。

仕事が順調に進み、昇進や昇給をしていくと、どんどん忙しくなっていきます。すると、どうしても運動不足になりがちです。残業が増えれば、食事や生活のリズムも乱れがちになるでしょう。

さらには、上司や部下、取引先やお客様との夜のお付き合いも増えていくはずです。飲みに行って、揚げ物系をたくさん食べてビールを飲んで、最後に〆のラーメンを食べて、タクシーで帰宅する……当然ですがそのような生活をしていれば、体重も増えていきます。

あなたは最近、毎日元気に過ごせていますか？

身体のだるさが抜けなかったり、慢性的な不調を抱えていないでしょうか？

中には、会社の健康診断で「経過観察」とか「要再検査」と言い渡された人もいるかもしれません。いくら仕事が充実していても、そんな生活をしていては長続きしません。いつか身体を壊してしまいます。

そもそも年齢と共に代謝が落ちていきますから、若い頃と同じように食べて飲んでいるだけでも、カロリーの取り過ぎになるのです。厚生労働省が発表している「加齢とエネルギー代謝」によると、体重70kgの男性の場合、基礎代謝（1日に生きているだけで消費するカロリー）は20歳代で1680キロカロリー、50歳代で1505キロカロリーと、およそ175キロカロリーの差があります。これは毎日、ご飯100グラムほどに相当する量です。数字だけを見ると「あれ、そんなもの？」と思うかもしれませんが、これが毎日積み重なると大きな違いとなっていきます。

食事だけでも気を付けよう

実際、私自身もかなり体重が増えてしまった時期があり、様々なダイエット方法を試したことがあります。ただ、極端なダイエットは一時は効果があっても、あっという間にリバウンドで元の体重に戻ってしまいました。

そこで今私が実践しているのが、「お腹を休ます時間を16時間以上確保する」という方法です。朝は基本的に、固形物は食べません。前日の夕食から翌日の昼食までの約16時間、胃を休ませます。その代わり、残り2食は好きなものを飲み食いしてOK

という、ゆる〜い方法です。

大将のお店の常連さんは本当に楽しくお酒を飲むことが好きなため、「元気に飲み続けるには健康あってこそ」と飲みに来る日の食事はカロリーを少なく調整したりなど、それぞれに工夫をしていました。そうした工夫の中で、小さいころから「食べた方が良い」と言われていた朝ごはんを食べないという方がいたのです。「腹八分目という言葉もあるように、食べ過ぎずお腹を休ませることが必要で、そのタイミングとして自分には朝を抜くのがちょうど良い」と話してくれ、朝からガッツリ派だった私の印象に残っていました。

それを思い出して試してみたところ私には合っていたようで、すこぶる快調になったので、今でもこの方法を続けています。

ただし、年齢とともに、身体が変化してきて、これまでのやり方ではまた体重が増えてきたので、酒飲みの先輩である、常連さん達から聞いた方法を、楽しみながら試している所です。もちろん、健康に関する本などでも情報を仕入れてはいます（笑）。

健康法は人によって合う、合わないがあるので、あくまでも私の一例でしかありませんが、ぜひ参考にしてください。

最近は健康意識が高まり、スポーツジムなどに通う方も増えているようですが、なかなかそこまではできないという方も少なくないと思います。そんな方は、「医食同源」という言葉があるくらいですから、食事だけでも気を付けてみることをお薦めします。

4 現状に満足せず「次のステップ」を考えよ

大将のたゆまぬチャレンジ精神

ここまでに何度かお話していますが、大将は焼き鳥屋を始めるまで、様々な職業を経てきました。

最初は学校の先生。教員免許を取得して、一時期は教員として教鞭を揮った時期もあったそうです。しかし、先生余りの時代でなかなか本採用が決まらず「これ以上は教師として稼ぐのは無理だろう」と早々に見切りを付けたといっていました。

当時は終身雇用が当たり前で「大学を出たら新卒で会社に就職して、一生その会社で働く」というのが常識でしたから、大将のこの決心はかなり勇気が要ったかと思います。それでも現状に甘んじることなく次のステップに進もうとするチャレンジ精神が、この頃にはもう大将に備わっていたのでしょう。

その後、いくつかの職業を転々とするのですが、これも「どの仕事もうまく行かず長続きしなかった」というわけではなかったようです。例えば横浜のランプ製造販売会社で営業マンとして働いていたこともあったそうですが、そこでは成績優秀で表彰されたとのこと。それでも次々と勤務先を変えていったのは、「もっと自分がやりたいことをしたい、次のステップに進みたい」というチャレンジ精神の賜物だったのでしょう（ちなみに、大将がお店ででんでん太鼓の後に「チン」と鳴らしていた鐘は、実はそのランプ製造販売会社で表彰された時にもらった記念品のランプの傘なのだそうです）。

そうやって最終的には天職といえる焼き鳥屋にたどり着いたわけですが、その後も大将のチャレンジ精神が衰えることはなかったように思います。例えば、これは常連さんでもあまり知らないであろう話なのですが、一時期は「やきとり大衆」のチェーン展開も画策していました（結局自分の目の届かない仕事はしないという理由から実現はしませんでしたが）。「今うまくいっているから、このままで満足」と小さくまとまる気持ちはいっさいなかったのでしょう。

「このままでいい」と考えたら試合終了

しかし、そんな大将もさすがに晩年にはそうしたチャレンジ精神が衰えてしまったようです。息子である私がお店を継ぐつもりはないと分かって、おそらく「自分が働けなくなる時まで続けられれば、その後はお店をたたんでしまえばいい」という気持ちになったのでしょう（それでも「今すぐお店をたたんで、後は好きなことをして悠々自適に暮らそう」という選択肢もあったはずですが、「自分が働けるうちは続けよう」と考えたのは、「好きなこと＝焼き鳥屋の仕事」だった大将らしい選択だと思います）。

その結果、最後の頃にはお店の売上もだいぶ下がってしまっていました。

これは、別にメニューの質が下がったとかそういう理由があるわけではありません。

私が知る限り、大将は最後まで変わらず昔通りに仕事をしていました。

しかし、大将が変わらなければ、時代は変わり続けます。たくさんいた常連さんも、年齢と共に「定年退職したから」「出世して忙しくなったから」「結婚して家族ができたから」など様々な理由から焼き鳥屋通いを卒業していき、数が減っていきました。「このままでいい」とチャレンジをやめてしまえば、後は時代に置いていかれて衰退するのみ……仕方のないことではあるのですが、諸行無常を感じずにはいられません。

あなたは今の会社でまだ上を目指せるか？

当然ですが、これは焼き鳥屋だけの話ではありません。「進化をやめれば衰退するのみ」というのは、すべてのビジネスにいえることです。

サラリーマンとして働き続けていくと、ある程度成功したところで「自分はこの会社ではこのあたりが限界だな」と壁を感じることがあると思います。そんな時、どうするべきか？

「そこそこお給料はもらえているのだから、後はこのまま定年まで働き続ければいいか」と満足して歩みを止めてしまうのは、終身雇用が前提で経済全体が右肩上がりの、古き良き昭和時代なら成立した方法かもしれません。しかし、大手企業であってもリストラや経営破綻が当たり前の現代では、それは通用しなくなりつつあります。

だからこそ、ビジネスマンは「現状に満足することなく、常に次のステップへ進むことを考える」というチャレンジ精神を失ってはいけないのです。

私自身も「年収1000万円の財閥系大手不動産会社社員」という地位を捨て、独立起業しました。「なんてもったいない」「元高卒フリーターがそれだけの地位と年収を得られれば十分すぎるじゃないか」という意見もあるかと思います。正直なところ、自分でも迷いました。

しかし、ある時ふと「このままこの会社にいたとして、さらに出世や昇給を望めるだろうか」「自分のやりたい仕事ができるだろうか」と考えてみたら、この組織での自分の限界が見えてしまったのです。そして、「それならば次のステップとして独立を見据えてみよう」と考えたのでした。やはり私にも、チャレンジ精神に溢れた大将の血が流れているのでしょう。

それからは起業のためのセミナーに参加したり、本を読んで勉強したりして、遂に

2020年、44歳の時に独立起業を果たしたというわけです。今後は、地元・吉祥寺に根差した不動産会社として地盤を固めつつ、SDGsな新しい時代の不動産会社として、不動産の領域に留まらず、不動産を中心とした様々な課題解決にあたる企業活動を行っていきたいと考えています。大将もそうであったように、紆余曲折をしながらも、自分にとって心地良い、ときめき・きらめく空間を求めて、人・社会・自然に継続的に貢献していきたいと思います。

もちろん、誰もが私のように起業すべきだとはいいません。ただ、今は昔と違ってキャリアアップのための転職がずいぶん浸透しましたし、副業も当たり前になりましたから、様々な選択肢があります。だからぜひこの機会に一度、考えてみてください。あなたは今の会社でまだ上を目指せるでしょうか?

もし答えがノーなら、そこに留まるのではなく、次のステップへ向かう時が来たのです。

おわりに

実際に試して人生を変えよう

最後までお読みいただき、誠にありがとうございました。

あなたにとって「役立ちそうなコツ」や「原動力になりそうなコツ」は、この本の中にありましたでしょうか？

「これは使えそう！」「何か見つかった！」等と感じていただいた方にお願いです。ぜひ日常で実践して、本当に効果があるかどうか試してみてください。

そして、「顧客との関係構築が滑らかになった」「職場のコミュニケーションが向上した」「転職がうまくいった」といった成果を出し、昇進・昇給して年収１０００万円を超えてください！

あるいは「収入が上がった」「家族・親族や友人との関係性が向上した」「新しい趣

味や仲間が増えた」「いつもと違う通勤方法で毎日が楽しくなった」といった成果を出して、心が充実した、ときめく・きらめく毎日を過ごしてください！

実際に試してみて、良いと思ったコツがありましたら、例えばアマゾンのレビューや私のフェイスブックを通じて、ぜひその効果や成果を教えていただければ幸いです。共通の仲間として、一緒に人生を歩めればと思います。この本でお伝えしきれなかったノウハウなど、今後何かしらの機会で、皆さまへお届けできればと考えています。

この出版に関わっていただいたすべての方々に感謝を

「はじめに」でお伝えしたように、私は多額の借金を抱えていたにも関わらず、遊んでばかりの高卒フリーターでした。正真正銘のダメ人間だったと思います。

そのような私が、他の人と違っていたことといえば、小学生の夏休みから、亡き父の「吉祥寺の焼き鳥屋」を手伝っていたという経験でした。

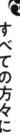

その経験を、私なりに解釈し実践した結果、年収１０００万円のトップセールスになることができました。その実践した内容は、ごくごくシンプルで、どんな仕事にも通じるコツだと実感しました。

このコツが、年収を上げたい方、転職や業態変更をしたい方、フリーターの方など、思いや悩みを持つ多くの方々の役に立つのではと、ネクストサービス株式会社の松尾昭仁さん、大沢治子さんにご支援いただき、今回の出版に至りました。

また、はじめての出版で、右も左も分からない私の企画を採用してくださった株式会社秀和システムさん、文章指導を担当してくださった合同会社はなぱんちの長谷川華さん、皆さまのご協力がなければ、この本が世に出ることはありませんでした。

この場を借りて厚く御礼申し上げます。

そして、この出版に関わっていただいた印刷会社さん、運送会社さん、書店さん、すべての方々に感謝申し上げます。

私を育ててくれた亡き父（大将）と母、執筆のための膨大な時間を許してくれた妻と娘に、最大の感謝を。いつもありがとうございます！

最後になりますが、この書籍をお買い上げくださったあなたにも、最大級の感謝をお伝えして筆を置きたいと思います。あなたと次回作でもお会いできることを、楽しみにしています。

２０２３年３月

玉岡　一央

ユニバーサル・リアルティ
株式会社ホームページ

玉岡一央 YouTube チャンネル
「たまっチャンネル。」

ユニバーサル・リアルティ
YouTube チャンネル

玉岡一央（たまおか・かずふみ）

◎1976年生まれ東京都出身。宅地建物取引士。ユニバーサル・リアルティ株式会社代表取締役社長。不動産プロデューサー®（登録商標第6645885号）。
◎東京の吉祥寺ハーモニカ横丁で焼き鳥屋を経営する父親の下で、小学生から家業を手伝い、目上の人と接する経験を多く積む。ファッションへの興味から文化服装学院へ進学するも、方向性の違いや遊びへの傾倒などから中退。正社員での就職を模索するも、就職氷河期の影響を受け、様々なアルバイトを転々とする。結婚をきっかけに一念発起し、給与水準の高い不動産業界への転換を決意する。中堅の不動産会社を経て三井不動産リアルティ株式会社へ転職。小学生の頃から「焼き鳥屋」で培った経験を活かし、上場企業役員や経営者層など年長者の顧客から厚い信頼を得る。営業奨励賞5年連続受賞などの功績が認められ営業リーダーへ最短で抜擢、年収1000万円超えを実現する。
◎2020年に独立し、ユニバーサル・リアルティ株式会社を設立。SDGsを活用した不動産ビジネスを展開しながら、成熟期にある地域や街の課題や、空き家問題などの社会課題解決へ取り組む。
◎趣味はサーフィンとランニング。サーフィン歴は20年。ランニングの走行距離は月間120kmを超える。2023年12月ホノルルマラソン出場予定。

企画協力：ネクストサービス株式会社　松尾昭仁
装丁：大場君人

ビジネスで大切《たいせつ》なことは みんな吉祥寺《きちじょうじ》の焼《や》き鳥屋《とりや》で教《おそ》わった

発行日　2023年　3月31日　　第1版第1刷

著　者　玉岡《たまおか》　一央《かずふみ》

発行者　斉藤　和邦
発行所　株式会社　秀和システム
〒135-0016
東京都江東区東陽2-4-2　新宮ビル2F
Tel 03-6264-3105（販売）Fax 03-6264-3094
印刷所　三松堂印刷株式会社　Printed in Japan

ISBN978-4-7980-6695-0 C0034